歴史に学ぶ自己再生の理論

〔新装版〕

歴史に学ぶ自己再生の理論

［新装版］

加来耕三

論創社

はじめに

今、突きつけられる二者択一

こんなことをいうと、読者諸氏を驚かすようで恐縮なのだが、われわれ日本人は今、一人一人が大きな時代の分岐点に立たされている。それも、のっぴきならない状況で——。

戦後の高度経済成長の残映を求め、夢よもう一度と、国家財政破綻を賭《と》しての大《おお》博奕《ばくち》の道を往くのか。それとも低成長の現実を受け止め、肯定し、経済的効率を捨てた、これまでとは異なる道、今日よりも心豊かな明日をむかえるべく、大きく人生の舵《かじ》を切るのか、道は残念ながら二者択一しかなかった。

——歴史はくり返す。

よくアジア・太平洋戦争を歴史的に総括しないから、戦後史が定まらないのだ、という論調を耳にする。が、これは正確ではない。先の戦争は、総括するまでもなく自明の選択を明らかにしていた。

昭和のはじめ、金融恐慌、農産物の潰滅的凶作、世界恐慌を迎えた日本の進むべき道は、今と同じく二方向しかなかった。

一つは日清・日露の両役《りょうえき》に連勝し、勢いづいた軍国主義をもって、さらなる夢をと、アジア全体へ日本の国威を広げるという選択。もう一つは、世界協調の流れにそって、耐えがたきを耐え、忍びがたきを忍んで、物資的まずしさを精神的豊かさに変える工夫をして、生き残る努力をするか。

現行の維持・延長は、基本的に痛みをともなわない。大きな方向転換、変革には、多種多様な痛みがともなう。この二者択一をつきつけられた当時の日本人は、前者を選んだ。

国家も政府も、それを容認した。なぜならば、もし後者の路線を国が強《し》いれば、国民が納得しない。なにしろ明治維新以来、度重なる戦争に向かって、国民を引きずってきたのは国家、政府である。

それが急に方針を転じて、必死に獲得した中国侵略の果実まで捨ててしまい、今さら〝小さい国〟に戻ろうといっても、国民は混乱し、悔吝《かいりん》（悔いうらみ）、反発が国内に巻き起こり、堰《せ》き止められた軍国主義の勢い《エネルギー》は、国家、政府を否定する方向、すなわちクーデター・革命に向かって爆発することが予想された。

これは紛れもない、史実である。国体《くにがら》（国の性格）が変わることを、国家も政府も恐怖した。

しかし、それは同時に、国家も政府も後者を採らずに前者を選んだ場合、どうなるのか、およその結末は想像がついていた。日本国の破滅である。

当時、中国一国すら講和、終戦に持ち込めない日本の国力（外交力・軍事力も含む）が、ソ連（現・ロシア）、途中からアメリカを相手に、多方面軍事行動を起こして、それらことごとくに勝利できる道理は、何処にもなかった。

このまま進めば間違いなく、日本はさらなる戦争をひき起こし、国力・人口を消耗して、ついには国が滅びることになる。敗戦の必至《ひっし》は、開戦前からわかりきっていた。

が、内乱や革命の危機だけは避けたい、と国家の支配層は考え、国民への不信・恐怖心が、非を覆《おお》うように戦争回避の決断をにぶらせ、ドイツの勝利に対する過信（他力本願）を加えて、ついには日米開戦に踏み切らせることになった。

歴史はくり返す

日本はアメリカ・イギリス・中国・オランダのABCD包囲網をはじめ、数多《あまた》の国を相手に戦い、昭和二十年（一九四五）八月十五日の終戦を迎えた。

この戦争で失われた生命《いのち》は、軍人・軍属と一般国民（民間人）をあわせて三百万を超えている。原爆症による死者のように、戦後五十年以上たっても増えつづけてきた数もあれば、外地残留で生死不明となった人々も多く、死者の総数は二百五十万人から三百二十万人までと諸説ある。

しかも、餓死も含む戦病死者数は、全戦没者のおよそ六〇パーセントにも及ぶという計算もあった（藤原彰著『餓死した英霊たち』）。

民間人の戦没者数は、およそ八十万人。そのうち国内で空襲などにより亡くなった人の数は、五十万人に及ぶという（厚生労働省発表）。

多くの人々の死と、原爆の威力によって、日本人は戦後（post war）、内戦・クーデターを展開するだけのエネルギーも失ったまま、辛《かろ》うじて祖国再建にハンドルを切ることに成功した。これは生きて行かねばならない、という生理上の想いが、朝鮮動乱による特需と結びつき、高度経済成長へとつながった結果といってよい。

翻《ひるがえ》って、読者諸氏に問いたい。

もし今、日本の実体経済に応じて、消費税を四〇パーセントあげる、という政党が現われたとすれば、あなたはその政党を支持するだろうか。おそらくその政党は、その日のうちに解党となるだろう。福祉を切りすてる、公共サービスを軽減する、国民生活に自助努力をこれまでの倍以上努めよ、といった発言を、政府も地方公共団体もタテマエ上はできない。そのようなことをいえば、間違いなく国民の怒りを買うし、支持を失ってしまう。

戦前のあの頃も今日も、国民は内容の差こそあれ、各々の生活上の不平・不満に茹《ゆ》であがっている。戦前の日本は国力が消耗し、多くの日本人が被害をこうむることを知りながらも、国民の求める無理難題、不可能な観念――大東亜共栄圏構想、〝八紘《はっこう》一宇《いちう》〃といった、国家が先導した亡国への道を決断した。クーデター・革命によって、国体《くにがら》が変えられるよりも、と敗戦への道をひた走った。

今、まったく同様のことが、われわれ日本人の前途に待ちかまえている。戦争による敗北は、経済効率の破綻と形を変えて現われるだろうが、歴史はくり返す——イギリスの政治・歴史学者E・H・カーは、「歴史は、現在と過去との対話である」といった。ならば今を生きるわれわれは、少なくとも破綻するかもしれない前途を、回避すべき方法を〃過去〃に探し、学び、実践するべきではあるまいか。

換言すれば、戦前の選択のもう一方＝後者を、現代に置きかえる作業、内容を吟味し、一人一人が時代に応じた改善をおこない、平和裡に生き残れる道を探るべきではないだろうか。筆者は、歴史の世界にはそのヒントが数多《あまた》ある、と信じている。

日本人一人一人の意識が変われば、国家も政府も変わらざるを得まい。

亡国覚悟でつっ込んだアジア・太平洋戦争の惨事——そのあと、日本は戦前の方向を反省し、軍国主義を捨て、戦争を放棄し、焼土と化したゼロの時点から再出発して、世界に冠たる先進国の仲間入りをはたした。

喜ばしいことではあるが、それにしても戦後七十年は長すぎたように思う。明治維新から昭和六年（一九三一）の満州事変勃発までが、六十三年である。

平成の日本は、国家も個人も、企業も従業員も、大人も子供も、ありとあらゆるものが、明らかに組織（心体）疲労を起こしている。

実際、一九九〇年代以降のバブル崩壊、長期不況を契機とする〝失われた二十年〟と呼ばれた時代に、日本は先行世代の遺産を食いつぶし、次世代に巨額の借金を背負わせ、辛うじての体面、物質的豊かさを保持しつづけてきた。

ヘーゲルの嘆き

――周囲を、見渡していただきたい。

高度経済成長＝国民の希望、夢を捨てられず、しゃかりきになって景気を回復させようとする政府にあって、教育はいつしか地に墜《お》ちてしまった。

日本人の学力は、世界のトップから大きく後れをとっている。子供たちの学力は、低下の一途をたどっているではないか。かつて、その子供を支えた家庭の団欒《だんらん》は、もはや死語となりつつある。親は子を、まったく理解できないでいる（その逆も、また真なりである）。

終身雇用制、年功序列の幻想が消えた企業は、大量の契約社員やフリーターを抱え、一方で正社員を減らし、モラルハザードを相次いでひき起こしている。

俳聖・松尾芭蕉の説いた〝不易流行《ふえきりゅうこう》〟（変えてはいけないものと、変えなければならないもの）の意味をも考えず、場当たり的に目前の体面のみを繕い、問題の本質を先送りしていく。

結果、企業の生命《いのち》である、最も大切にしなければならない〝信用〟を、わずかばかりの面子《メンツ》（その多くは自己保身、利欲）のために、いともたやすく失墜させてしまう。

一度、失った信用を取り戻すことが、いかに大変なことか、を考えることすらできなくなってしまった。受け手の世間も軽くなり、人のうわさも七十五日よろしく、どのような失礼・無礼も、時が解決してくれる、と信じている人の何と多いことか。

歴史は雄弁に語っている。心からの反省なきものは、同じ失敗をくり返す、と。


経験と歴史が教えてくれるのは、民衆や政府が歴史からなにかを学ぶといったことは一度たりともなく、また歴史からひきだされた教訓にしたがって行動したことなどまったくない、ということです。

（ヘーゲル著『歴史哲学講義』）

日本の現状は、たとえば明治二十三年（一八九〇）、日本へ親善にやってきたオスマン帝国の軍艦エルトゥールル号に似ているかもしれない。旧式の巨船に応急処置を加えつつ、無理な航海をさせて、どうにか日本へはたどりついたものの、その帰路、和歌山の串本沖で沈没する運命となった。乗船者六百人以上のうち、五百八十七人を台風の中で死なせてしまう事故となったが、これと実に酷似している。

一方において、あの時の日本人は立派だった。和歌山県東牟妻郡《ひがしむろ》大島村（現・和歌山県東牟妻郡串本町）の人々は、じつに勇敢に、己れの生命《いのち》をもかえりみず、荒れ狂う海からトルコの人々六十九人を救出している。

その日本人の「大和心《やまとごころ》」（惻隠《そくいん》の情）が通じたのであろう。昭和六十年（一九八五）三月、イラン・イラク戦争の最中《さなか》にあって、トルコはイラン在住の日本人を救出するために、自国の旅客機を二機、飛ばしてくれた。

心から思う。もし今、「日本」という船が沈んだとき、イラン・イラク戦争と同じ状況になったとき、心から救いの手をさしのべてくれる国や外国の人々が、どれほどいるものだろうか。

卑近な例ながら、世の中のことに関心がなく、電車の中でスマホのゲームに興じたり、懸命にスマホの画面の中のデータのみを鵜呑《うの》みにして、頭に仕舞い込むだけの人は、申し訳ないが本書を読まれても意味がないし、第一、興味も持たれまい。

遺憾なのは、そうした人々の顛末《てんまつ》が、本書には具体的に述べられているのだが、おそらくそうした人々は生涯、そのことを知ることもなく、まったく新しい生き方を実感することもなく、生を終えられるであろうことである。

日々、多忙な生活を送る中で、それでもなお、いまの生活はおかしいのではないか、と気づきのある方、もっと心豊かに、楽しく生きる方法があるはずだ、と探求されている方を読者対象として、本書は記述している。

解決策は「心学」にあり

結論から述べれば、方法はある。それも、内外の歴史を通じて。なかでも虫めがね風にみれば、日本の江戸時代、今日のわれわれと同じような悩みにとらわれ、自らが生きがいを感じるにはどうしたらいいのかを、懸命に考えつづけ、ついに答えを導き出した日本人がいた。

のちに石門心学《せきもんしんがく》を開くことになる、石田梅岩《ばいがん》（一六八五〜一七四四）である。

彼は、今でいう契約社員を二十余年つとめ、生きにくい世の中をどうすれば楽しく生きられるのかをひたすら考え、四十をすぎて開悟《かいご》し、四十五歳になってからはそれを人々に説いて廻《まわ》った。

本書は江戸期以来、今日の日本人にまで多大な影響を与えながら、すでに忘れられつつある日本教学の典型、梅岩の開いた石門心学を物差《ものさし》に、日本史・世界史の全体から、二十一世紀という新たな時代を踏まえ、これからの日本人としての、個人の生き方について、歴史の叡智、心豊かに生きた人々の実例を紹介しながら、読者一人一人に合った未来＝「心学」の実践を考え、探してもらうことを目的とした。

いわば、加来流自己再生のすすめ、といえなくもない。本書に取り上げた人々は、すべて何らかの方法でそれを実施し、新しい未来を開いた人々である。

なお、本書刊行にあたっては、数多くの先学諸氏の研究成果を随分と参考にさせていただいた。深い感謝を申し上げる。文中引用文については、そのつどルビを加えながら出典を明記したが、参考文献については巻末に一括している。ご参照いただければと思う。

また、筆者《わたし》に「心学」の重要性を三十年前に教えて下さった恩師・勝部眞長《かつべみたけ》先生（故人・お茶の水女子大学名誉教授）、以来、考えつづけ、はじめて筆者が「心学」について述べた「石田梅岩　心を磨く商人学」（『月刊　理念と経営』二〇一二年九月号～二〇一三年十月号に連載・コスモ教育出版）を許可いただいた同誌編集長（現・編集局長）の背戸逸夫《せといつお》氏、担当編集者の奥山由希子さん。この度の刊行を引き受けてくださった論創社社長の森下紀夫氏、担当の森下雄二郎氏に、心よりお礼を申し述べる次第です。

平成二十八年正月元旦　東京・練馬の羽沢にて

加来耕三

＊本書は平成二十八年（二〇一六）一月に小社より刊行した
『歴史に学ぶ自己再生の理論』の新装版です。

歴史に学ぶ
自己再生の理論〔新装版〕

目次

序章

第一章 本当の自分に踏み出す勇気

第二章 生きる目的と生業《なりわい》

第四章　新しい「心学」の可能性

終章 夢を形に

序章
夢と寿命の競争

欲＝智恵、「個」の発生

のっけから、読者諸氏にはいささか場違いな話をするようで恐縮なのだが、学生時代、歴史学（過去の多様な人間のいとなみを、認識することを目的とした学問）の概論、歴史哲学の講義を聴講していて、何らかの話の流れで、ふいに江戸の川柳にある、

「片乳房《かたちぶさ》、握るが欲のできはじめ」

という言葉を耳にした。

このときの講義の先生が誰であったか、もはや覚えておらず、歴史哲学のどの項目で語られた話であったかも、今となっては薄ぼんやりとして思い出せない。

ただ、鮮明に記憶しているのは、生まれたばかりの赤ちゃんには、欲というものはないが、母親の乳を口にふくんでいるうちに、生きることへの執着《しゅうじゃく》＝欲が生まれる。その最初が、一方の乳にかぶりつきながら、もう一方の乳を小さな手で摑《つか》む行為だ、というのだ。

「なるほどなァ」

と甚《いた》く感心したのを、今も覚えている。

つまり、もう一つある母の乳を他人に取られまい、と赤ちゃんが智恵をはたらかせたわけだが、やがてこの欲＝智恵は、二つの乳を比べることにつながっていく。たとえば、右より左の方が乳の出がいいとか、左より右の方がおいしい（？）とか……。歴史学ではこれを、比較史学と呼んだ。

乳はともかく、欲＝智恵が「個」を形づくっていく――「自分にとって、何が一番得なのか」を考える、つまり「個」とは自己利益、自己愛と言い替えてもよい。

蛇足ながら、この「個」を考えるのが哲学であり、歴史に「個」を求めたのが歴史哲学である。

日本人はこの「個」が、近代まで欠けていた、などという学者がときどきいるが、これは明らかにおかしい。応仁元年（一四六七）から文明九年（一四七七）までつづいた、日本中世史上最大の内乱＝応仁・文明の乱を描いた、戦記物『応仁記』（作者、成立年代不詳）には、「天下滅ババ滅ビヨ」自分一人の栄耀栄華《えいようえいが》（富みさかえてのぜいたく）ができればそれでいい、との今と変わらない「個」の記述があった。

応仁・文明の乱によって、本格的な幕明けとなる戦国乱世の〝下剋上《げこくじょう》〟を待つまでもなく、それよりはるか昔、日本人には国や所属する部族という概念すらなかった以前から、人間には「個」というものが存在した。その「個」がやがて、地域による環境の相違などから、徐々に国体《くにがら》を創っていったといえる。

古代—中世—近世—近代と国体を進めながら、いま＝現代をわれわれは生きている。「はじめに」でもふれたように、アジア・太平洋戦争に雪崩《なだ》れ込んだ日本は、敗北した。そして、すべてを失った。ここから、国体《くにがら》の根本が変わった、という人は少なくない。

焼土と化した故国、廃墟の中から無一物で日本人は再出発し、飢餓をこえ、不衛生な雨露を凌《しの》ぐだけの環境から脱して、よりよい人間的な生活＝物資を求めて、戦後を必死で生きてきた。

——日本は、見違えて豊かになった。

そのことに、〝昭和〟の四十年代、われわれ日本人は、誰もが誇りを持っていた。今日からふり返って物資至上主義、効率主義、成果第一主義がその側面であったとしても、ある意味しかたがなかったともいえる。

忘却をくり返す国体

やがて捲《ま》き起る日本の国体《くにがら》へのバッシング——哲学も持たなければ、自国の歴史も知らない。ただ働くだけの、〝エコノミック・アニマル〟。こうした海外からの侮蔑、「ウサギ小屋」にくらす心さびしい住人とのさげすみに対しても、日本人の大半は、

「それでも日本は、経済大国になりおおせたではないか」

と内心、胸をはっていた。

ジャパン・アズ・ナンバーワンなどという、痛快なタイトルの本も世に飛び交った。欧米諸国に比べれば、なるほど狭い家に住み、満員電車に連日ゆられながら、長距離の通勤にはげみ、インターネットが出現してからは、ますます質量スピードともに増大する労働に、われわれ日本人は耐えてきた。だからこそ、豊かな生活レベルが維持できているのではないか、と。

だが、どうであろうか。世界に類をみないほど、物があふれる豊かな社会になったはずの日本に住んでいて、われわれは本当の幸福を手に入れたと言えるのだろうか。

「過労死」という言葉がささやかれ、ノイローゼ、躁鬱《そううつ》病などの現代病が身近になり、

毎年のように年間三万人前後が自殺する国が、幸せな国だと断言できるのであろうか。万葉の歌人・山上憶良《やまのうえのおくら》は、「銀《しろがね》も、黄金《こがね》も、玉も、何せむに――」と吟じたが、いくら豊かさを追いつづけても、購買・所有・消費などの物欲にはかぎりがなかった。名利栄達《みょうり》も同断である。欲望とは底なしの沼とおなじで、際限がない。

地位や権力を得れば、さらにその上を求め、かりに組織のトップと成りおおせたとしても、今度はそれを守り、保持するための〝力〟を欲し、地位を求め、権力を行使することになる。富裕層しかり。金銀を求めるものは、さらなる金銀を求めて、阿漕ヶ浦《あこぎがうら》に船を漕ぎつづけることになる。

そして、いつしか自分を取りまく現実が、多忙の中に見えなくなってしまう。現実の社会にはすべて、限りがあるという〝真理〟を、いつしか忘れてしまうのだ。土地も富も有限であり、権力や欲望も生命《いのち》という有限の中にしか存在しない。死んでしまえば、権力も欲望も充足することはできない。

にもかかわらず、人々は多忙な日常の中で、この理《ことわり》を忘却してしまう。

こうした日本人の失念は、なにも昨今の特例ではなかった。過去の日本史においても、実はくり返し生じてきた現象であったのだ。この忘却のくり返しこそが、日本の国体《くにがら》といえるのかもしれない。

「いや、老後のことを考えているのだ――」

と、いう人がいる。

確かに、日本人の寿命がのびた分だけ、その長すぎる老後への備えは必要であろう。現代日本の老齢化社会における福祉・医療行政は、決して満足のいくものとはいえない。だが、老後の備え――そのための日々の生活の物欲は、どれほど老後を保障してくれるのであろうか。

たとえば、何年分の貯金があれば、心安らかに生きていけるというのだろうか。否、そもそも欲望は消えるものではない。あるいは、各々、個人差がある、という人がいるかもしれない。

なるほど、醒めたもう一つの目をもつフリーターの中には、家賃と光熱費を払って、残りのお金で衣食を賄うだけの生活に、「不安はない」と言い切る人もいる。蓄えがなく、年金も払っていないし、病気やケガをしたら、すぐにも立ち行かなくなる生活をしていても、そうした生活から抜ける気のない人はいる。

背後に迫っている〃死〃

貧苦のうちにすごした親鸞《しんらん》は、いっていた。例外なく尽きるのが、寿命であると。しかも、生命《いのち》はいつ尽きるか知れない、とも。

明日ありと思う心のあだ桜
　夜半《よわ》に風の吹かぬものかは

どれほど経済的に余裕のある貯蓄をしていたとしても、逆に無一文であっても、人間は例外なく心体共に衰えていくもの。歯であれ、目であれ、足腰であれ。筆者もいつの間にか、老眼鏡の世話になっている。

「朝に死に、夕べに生まるるならひ、ただ水の泡に似たりける」

鎌倉初期の歌人・文学者の鴨長明《かものちょうめい》（『方丈記』『発心集《ほっしんしゅう》』の著者）もいっている。

しかも生死の境は、本人の予想通りには現われてくれない。病床にあって医師の診断があれば、ある程度の予測は立つのだろうが、突然の心臓麻痺、脳溢血、あるいは事故に巻き込まれることを、事前に予測することはできない。

そういえば、次のような人生哲学を述べた人もいた。

名利《みょうり》に追いまくられて、静かな暇《いとま》もなく、一生を苦しめるのは、実に愚《おろ》かなことである。財産が沢山《たくさん》あると、身を守るすべがわからない。「財産」は、あやまちを求め、悩《なや》みを招く仲介となる。死んだ後では、黄金を積み上げて北斗星を支《ささ》える程の富《とみ》があっても、人に笑われるだけのことであろう。

（第三十八段・川瀬一馬校注、現代語訳『徒然草』講談社文庫）

鎌倉末期から南北朝にかけての動乱の時代を、生き抜いた吉田兼好《けんこう》である。彼は実感を込めて、〝死〟について前述と同じ『徒然草』で述べている。

生老病死が速《すみや》かにめぐって来ることは、この四季の変化以上である。四季にはまだきまった順序があるからよいが、人間の死期《しご》は、順序を待たない。死は必ずしも前からくるとは限らない。かねてから背後に迫《せま》っている。人間は誰も皆、死のあることを知りながら、予期する気持がまだせっぱつまっていないうちに、思いがけなくやって来る。

（百五十五段・同上）

本来、〝死〟は突然に訪れることを前提とするべきものかもしれない。だからこそ、人間がなぜ生まれ、生き、死んでいくのか＝哲学が、学問の基底となったのであろう。加えて、生きているということは、心身共に健康で、生きる喜びや楽しみを実感できなければ価値は半減してしまう。病床のベッドの上で、どれほどの生きがいが持てるものだろうか。生きがいをみつけることはできようが、可能であれば心身共に健康なうちに手に入れたいものである。

だが、寿命は延びても、生きがいを求め、それを手に入れて、充足した〝時〟を持てるのは、さほど長い歳月ではあるまい。

日本人の平均寿命は目下、男性が八十一歳、女性が八十七歳だが、自立して過ごせる「健康寿命」は、男性が七十一歳、女性が七十六歳だといわれている。それを過ぎれば、介護が必要になるかも……。

「人がみな、生を楽しまないのは、死を恐れないからである。いや、死を恐れないのではない。死が迫《せま》っていることを忘れているのだ」

とは、兼好法師の言（第九十三段・同上）。

人生は短い――シェイクスピアは、「束《つか》の間《ま》の灯火《ともしび》」と表現している。

「邯鄲の夢」の世界

生まれたものは死ぬ、このあたり前の死生観は、歴史上、人間にとってもっとも重要な課題であった。

前出の鴨長明は「水の泡《あわ》に似ている」といい、江戸の俳人・小林一茶《いっさ》は「露《つゆ》」だと吟《ぎん》じた。このはかないまでの〃生〃を、仏教の世界では「無常観」と称した。

このはかない〃生〃について、かつての、多くの日本人が共鳴した中国故事があった。「邯鄲《かんたん》の夢」である。

ときは、唐の玄宗《げんそう》の開元年間（七一三～七四二）――趙《ちょう》の旧都、現在の中国河南省に邯鄲という町があり、一軒の邸舎《ていしゃ》（旅舎《りょしゃ》）があった。

ここで呂翁《りょおう》という、仙術をおさめた道士が囲炉裏《いろり》端で休んでいると、盧生《ろせい》という若者がやって来る。みすぼらしい身なりをした彼は、しきりとあくせくして働かねばならぬわが身を愚痴《ぐち》り、世に対する不平・不満を託《かこ》つ。

それを聞いていた呂翁は、嚢中《のうちゅう》の枕を取り出し、それを盧生に貸していう。

「この枕をして眠れば、お前は〝栄適《えいてき》、意の如くならしむべし〟（何事も思いのままだ）」

やがて盧生は疲れていたのだろう、呂翁から借りた枕で寝てしまう。枕は陶器でできていて、両端に孔《あな》が空いていた。眠っているうちに、その孔が大きく開いて、盧生はその中へ吸いこまれていく。

孔の中にはなぜか立派な家があり、その家で盧生は清河《せいか》（現・河北省清河県）の崔《さい》氏（唐代の名家）の娘を娶《めと》って、難関の「進士《しんし》」の試験に合格。官僚となり、とんとん拍子の出世をして、ついには「京兆尹《けいちょういん》」（首都の知事）となった。そこへ夷狄《いてき》が攻めて来て、それを打ち破って勲功を立てた彼は、さらに栄進して「御史大夫吏部侍郎《ぎょしたいふりぶじろう》」（官吏を監察する長官で、人事栄典を司る尚書《しょうしょ》省の次官）となった。

ところが盧生は、ときの宰相にねたまれ、端《たん》州（現・広東省肇慶《ちょうけい》市）の刺史《しし》（州の知事）に左遷される。そこで三年間、雌伏の時をすごした彼は、改めて召され、「戸部《こぶ》尚書」（土地・戸籍・官人給与などを扱う財務長官）に挙げられる。以来十年間、天子を補佐して善政をおこない、盧生は賢相のほまれを高くする。

まさに、位人臣を極め、彼は地位と権力をこの上もなく手に入れたわけだが、この得意の絶頂にいたって、盧生は辺塞《へんさい》（国境にあって、夷狄《いてき》を防ぐとりで）の将軍たちの謀叛により、逆賊の汚名を着せられ、無実の罪によって捕えられてしまう。

盧生は縛《ばく》につきながら、妻子に嘆息する。

「私の故郷である山東《さんとう》の家には、わずかばかりだが良田があった。農民としてくらしていれば、寒さと餓《う》えはふせぐことができたのだ。それを、何を苦労して禄を求めるようなことをしたのだろう。その結果がこのざまだ。昔、ぼろを着て邯鄲の町をほっつき歩いていた頃のことが思い出される。その頃が、なつかしい……」

彼は宰相として、捕われのはずかしめをうけるよりは、と自害しようとしたが、妻におしとどめられ、名誉の死をまっとうすることができなかった。

クーデターにより、これまで政権を運営してきた者がことごとく処刑される中で、盧生だけは宦官の働きにより、死罪を免《まぬか》れ、驩《き》州（冀《き》州＝現・山西省の周辺のことか）へ流罪となる。が、そこには死ぬより苦しい、現実の生活が彼を待っていた。

耐え忍ぶこと数年、天子は盧生が冤罪であったことを知る。いそぎ彼を中央へ呼びもどし、「中書令《ちゅうしょれい》」（天子の秘書長官）として、今度は「燕《えん》国公」にも封じた。天子の恩寵をうけ、五人の子も各々が高官となり、天下の名家とさらなる縁組みをし、十余人の孫を得て、盧生はこの上もない幸福な晩年を送ることとなる。

やがて老いた彼は、自らの衰えを理由に辞職を願い出るが、なかなかゆるされない。病気になると、宦官が相次いで見舞いに来、天子からは名医や良薬が続々と送られてくる。しかし、人間はいつかは死ぬ。

人生は夢かまぼろしか

そこまで体験したところで、盧生は欠伸《あくび》をし、目をさました彼は、もとの邯鄲の旅舎に寝ていた自分を理解する。かたわらには、あいかわらず呂翁が座っていた。旅舎の主人が盧生の眠《ねむり》の前に、黄粱《こうりょう》（粟《あわ》）を蒸していたが、その黄粱もまだ蒸しあがってはいなかった。すべては、うたた寝の束の間の出来事にすぎなかったのだ。

「ああ、夢であったのか！」

茫然自失の盧生に、呂翁は笑って答えた。

「人生とは、そんなものさ」

盧生は思った。栄辱も貧富も死生も、すべて経験してしまうと、不平・不満、私利私欲はなくなるものだ、と。

「先生、私の欲をふさいで下さったことを感謝します」

盧生は呂翁にていねいなお辞儀をして、邯鄲の町を去っていった。

これは唐の沈既済《しんきさい》（七五〇頃〜八〇〇頃）の小説『枕中記《ちんちゅうき》』（一説に粛宗《しゅくそう》の側近・李泌《りひつ》の作とも）のあらすじであったが、同様のすじがきは、すでに六朝時代の干宝《かんぽう》の、怪異小説集『捜神記《そうじんき》』の中にも見うけられた。

栄枯盛衰を含めた人生は、極めてはかなく短いということを、「邯鄲の夢」あるいは「邯鄲、夢の枕」「一炊《いっすい》の夢」「黄粱の夢」などという。

そういえば、戦国の覇王・織田信長は、好んで幸若舞《こうわかまい》の「敦盛《あつもり》」の一節を愛誦し、舞っていた。

「人間五十年、下天《げてん》（本来の幸若舞では「化天《けてん》」、『信長公記《しんちょうこうき》』には「下天」とある）の内をくらぶれば、夢幻《ゆめまぼろし》の如くなり。一度《ひとたび》生を得て滅せぬ者のあるべきか」

八千歳ともいう、長い寿命を楽しむ「下天」に比べれば、人間の一生など夢まぼろしのようなものだ、と信長は悟っていたようだ。

織田信長

筆者は、「邯鄲の夢」の故事や信長の生き方を思い出すとき、同様に思い浮かべる歴史上の人物が二人いた。

驚きとおかしさ、といってもよい。たとえば、自分と空似《そらに》の人に偶然、地下街の雑踏で出会ったときのような。一人は盧生と同じ国の人、蘇軾《そしょく》。字《あざな》は子瞻《しせん》、号は東坡《とうば》。もう一人は、セネカというローマ帝国の人物である。

蘇軾は北宋を代表する政治家でもあり、一方では〝文人〟として、その名声はつとに高かった。彼はまさに、盧生と同じようなジェットコースターに乗ったような――しかし現実の――体験をしていた。

なにしろ蘇軾は、宰相に比する政府の重鎮になったかと思うと、生涯に二度、あわせて十四年の流罪《るざい》――それも死刑を軽減されての――を受け、激変する人生の浮き沈みを経験していた。それでいて彼の凄味は、逆境の中でも己れの信念を、ついには見失わなかったところにあった。

しかも蘇軾は、俗にいう折れやすい、エリートの中のエリートであった。

人生には定まった運命があるのか

北宋の景祐三年（一〇三六）、彼は蘇洵《そじゅん》の次男として、四川の眉州眉山県紗縠行《びしゅうびざんけんさこくこう》（現・四川省眉山市）に生まれていた。日本でいえば、権勢をふるった藤原道長《みちなが》がこの世を去って九年目にあたる。

宋はそれまでの貴族社会が消滅し、かわって新興勢力＝「士大夫《したいふ》」（科挙《かきょ》出身の高級官僚）と呼ばれる人々の、天下となっていた。

地方の中小地主の出身で、優秀な成績で「科挙」（官吏登用試験）に及第した者が、国を動かしていたが、なかでも「進士」が最も難しく、そのかわり及第すれば、中央省庁の大臣クラスにまで、出世する可能性が高かった。

が、その分、この試験が至難で、三つの科目のうち儒教経典の知識を問う試験と、時局を論じる試験は、なんとか丸覚えでも通過できたが、最後の詩と賦《ふ》＝散文的叙事詩を創作するという芸術性を問う試験は、生まれながらの才能が大きくものをいった。記憶力のいいだけの人間には、難関であったといえる。

この進士科に蘇軾は、早く死んだ長兄にかわって、父と弟とともに挑んだ。そして二十二歳のおりに、みごと及第する。しかも蘇軾の成績は、宋代を通じての四人という、最高レベルのものであった。

当然、蘇軾は将来を嘱望され、州府の長官を補佐するポストに任官したが、ときの政府最大の権力者・王安石《おうあんせき》による政治改革、「新法」を批判したことから、地方へ左遷され、知事を歴任することとなる。しかも、皇帝と政府を誹謗《ひぼう》したとして侮辱罪（大不敬罪）を求刑され、あやうく死罪となるところを、皇太后の死による特赦で、黄《こう》州《しゅう》（現・湖北省黄岡《こうこう》市）へ流罪となった。この時、蘇軾は四十五歳。

普通なら、踏みはずした人生に動揺し、寿命の短かった時代である、わが身の不運を嘆き悲しんでしかるべきであったが、彼は城東の岡《こう》＝開拓地に移ったことから、「東坡」を名乗り、詩作と読書で己れを律しつづけた。

「人生寄《き》するがごとし、なんぞ楽しまざる」（人生は束の間、どうして楽しまないでおれようか）――自殺志願者に、ぜひにも聞かせてやりたいセリフである。

五年目、罪が軽減され、六代皇帝の神宗《しんそう》が没して、その子・哲宗《てっそう》が皇位を継ぎ、その母・宣仁太后《せんじんたいこう》が摂政となると、一世を風靡《ふうび》していた「新法」は廃止され、蘇軾は一転して赦免となり、名誉を回復。都へ召還されてからは、中央の要職を歴任、ついには最高職の「礼部尚書《れいぶしょうしょ》」をもつとめることとなった。

ところが、元祐八年（一〇九三）に哲宗の親政がはじまり、再び新法が採用されると、蘇軾は報復を受けるように、二度目の流罪へ。今度は嶺南《れいなん》の恵州《けいしゅう》（現・広東省恵州市）へ流され、さらにはより遠い州へ、ついには海南島《かいなんとう》まで流されてしまう。この時、彼は五十九歳であった。

蘇軾

なまじ一度返り咲き、栄耀栄華を手にしただけに、その胸中やいかに。

さぞや失意の底に沈んだか、と思いきや、蘇軾は「寂然《じゃくねん》として無念の境地」に入り、この逆境にあってさえ、肯定的な人生観を失うことなく、詩を吟じつつ、明朗闊達《めいろうかったつ》でありつづけた。

これは一面、奇跡といってよい。

元符三年（一一〇〇）正月、哲宗が没して徽宗《きそう》が即位した。蘇軾に大赦が発せられ、北帰することが許された。彼はその帰路、常州《じょうしゅう》（現・江蘇《こうそ》省常州市）に辿りついたものの、そこで突然、六十六年の生涯を閉じた。親鸞や鴨長明、吉田兼好らが断じた、何の前触れもない急死であった。

「天、必《ひっ》すべきか」

この言葉は、蘇軾の生涯をかけての問いかけであったかもしれない。

天の与えた運命は、すべて必然的なものなのか。いや、そうではあるまい。正義のものが必ずしも幸福とならず、不正のものが必ずしも不幸には終わらないのだから、と彼は述べていた（「三槐《さんかい》堂の銘《めい》」）。

要は、現実を迎える心の持ち方ではないのか、と。

定めなき人生軌道

「邯鄲の夢」で想い出す、もう一人の人物は、地球儀をまわさねばならないほど、地理的感覚では遠い。紀元前一、二世紀のローマを代表する政治家セネカ（ルキウス・アンナエウス　紀元前四頃〜紀元後六五）である。

彼は人生の苦境や危機に際して、人間はどうすれば幸せになれるのか、を説いたストア哲学を身につけた人物であったが、その生涯はかならずしも哲学者としては認知されていない。多くの人々は、セネカを政治家として記憶していた。

彼は当時、ローマ人が大半を占めた、スペインのコルドバに生まれている。

父は富裕な騎士の家の出身で、ローマ市民であり、セネカ自身はめぐまれた環境に生まれ、学問を身につけ、将来の政治家をめざして幾つかの官僚の地位を歴任する。

セネカ

ところが順調にいっていた彼の人生は、身体の衰弱と急性の抑鬱《よくうつ》症（鬱《うつ》病）のために妨げられ、エジプトでの療養を強いられることとなる。失意の中でセネカは、挫折、人間の生と死に向いあわざるを得なかった。

幸い三十歳にして心身共に復調した彼は、ローマへ戻り、財務官の地位を得、元老院

クラウディウス帝

にも登って、その卓越した弁論によって名声を博すこととなった。

このあたり、前出の蘇軾とよく似ている。しかし、〝狂帝カリグラ〟＝ガイウス帝が即位すると、セネカはその名声を妬《ねた》まれ、わが身の危機を招くこととなる。「邯鄲の夢」の盧生とも酷似しているが、盧生のは夢の中、セネカのは現実での出来事であった。

ついに、彼の裁いた国政の処置が、帝の逆鱗《げきりん》に触れ、処刑されることとなる。間一髪、とりなしてくれた人のおかげで、危うく死を免れたセネカは、再びめぐってきた失意の底で、この時、「神が与える生の苦痛を、解放してくれるのが死の恩恵だ」と、『慰《なぐさ》めについて』で語っている。その彼に、追い打ちをかけるように冤罪が加えられた。ガイウス帝の次に即位したクラウディウス帝、その最初の后《きさき》メッサリナとそのとりまきによって、先帝の妹ユゥリア・リヴィラとの姦通の罪をでっちあげられたセネカは、弁解の機会も与えられずコルシカ島に流罪となる。

さらなる孤独な逆境に突き落とされた彼は、惨めな生活をおくりながら、ここで先の『慰めについて』を書きつづけ、これをクラウディウス帝の側近に贈った。つまり、その側近を通じて、皇帝への赦免を求める嘆願のために、セネカはこの手紙＝作品を書いたわけだ。見方を変えれば、諂《へつら》いともいえた。

――彼も、この世の大多数である弱い人間の、一人であったのだ。

しかし、残念ながら赦免はかなわず、彼の流刑は八年目を迎えた。おそらくセネカは自らの人生を観念しはじめていたであろう。そこへ、彼をそもそも陥《おとしい》れたメッサリナの不義による処刑が伝えられ、クラウディウス帝は次の后にアグリッピナを迎えた。

このことが、巡り巡ってセネカに幸いする。

紀元後四九年、彼女はセネカを、自らが産んだ皇子の教育係として召還したのであった。セネカは文化人（教養人）としても知られていたが、先の后に嫌われていたことが、今度は逆にプラスに働いたようだ。

「人生は短い」

ようやく平穏をとりもどしたセネカは、この時＝紀元後五〇年前後に、それまでの浮き沈みの激しかったわが半生をふり返りつつ、当時のローマ食料長官パウリヌスにあてて、長文の手紙を書いた。これが名作、後世にいう『人生の短さについて』であった。セネカはいう。

「ごく僅かな人を除いて他の人々は、人生の用意がなされたとたんに人生に見放されてしまう」（茂手木元蔵訳・『人生の短さについて 他二篇』所収・岩波文庫・以下同じ）。

訳者によれば、右の「人生」は「生活」「生」「生命」「生涯」などとも訳すとのことであった。


しかし、われわれは短い時間をもっているのではなく、実はその多くを浪費しているのである。人生は十分に長く、その全体が有効に費《ついや》されるならば、最も偉大なことをも完成できるほど豊富に与えられている。けれども放蕩《ほうとう》（身持ちのおさまらない）や怠惰《たいだ》（なまけおこたる）の中に消えてなくなるとか、どんな善いことのためにも使われないならば、結局最後になって否応《いやおう》なしに気付かされることは、今まで消え去っているとは思わなかった人生が最早すでに過ぎ去っていることである。〈中略〉われわれは短い人生を受けているのではなく、われわれがそれを短くしているのである。われわれは人生に不足しているのではなく濫費《らんぴ》（むだづかい）しているのである。（同上・カッコ内は筆者）

人生は短いのではなく、大半の人が自ら短くしているのだ、とセネカはいう。

人生は使い方を知れば長い。だが世の中には飽くことを知らない貪欲《どんよく》に捕われている者もいれば、無駄な苦労をしながら厄介《やっかい》な骨折り仕事に捕われている者もある。〈中略〉他人の意見に絶えず左右される野心に引きずられて、疲れ果てている者もあれば、商売でしゃにむに儲けたい一心から、国という国、海という海の至るところを利欲の夢に駆り立てられている者もある。〈中略〉また有難いとも思われずに高位の者におもねって、自ら屈従に甘んじながら身をすり減らしている者もある。多くの者たちは他人の運命のために努力するか、あるいは自分の運命を嘆くかに関心をもっている。また大多数の者たちは、確乎とした目的を追求することもなく、気まぐれで移り気で飽きっぽく軽率に次から次へと新しい計画に飛び込んでいく。或《あ》る者は自己の進路を定めることなどには何の興味もなく、

怠けたり欠伸《あくび》をしたりしているうちに運の尽きということになる。（同上）

一見、辛辣な批判に思えるが、反論できる現代日本人はどれほどいるのだろうか。

セネカとまったく同じことを、わが国の吉田兼好も実は嘆いていた。

この法師は、本姓を卜部《うらべ》、名乗りを兼好《かねよし》という。吉田神社の、神職の一族の出。後二条天皇（第九十四代）に六位蔵人《ろくいのくろうど》（令外官の役職で、蔵人所《くろうどのところ》の官吏。天皇の膳の給仕など、秘書的役割を担った）として仕え、三十歳になるかならないかの頃に、宮仕えをやめて出家した。

もっとも、足利尊氏《たかうじ》の弟・直義《ただよし》、足利家の家宰・高師直《こうのもろなお》とも交流があったことが知られている。『太平記』に拠れば、師直のラブレターの代筆をやったこともあったようだ。俗世と縁を切ったのではなく、俗界とつかずはなれずの半隠遁《いんとん》生活を送っていた。

「すべての願望は皆、妄想《もうそう》だ」（『徒然草』第二百四十一段）。

と看破したところが、なによりも兼好法師の人間味といえようか。

兼好法師は多忙だった！

その彼の名を不朽にした『徒然草』は、南北朝の争乱の、まさに起きる直前、元徳二年（一三三〇）から元弘元年（一三三一）頃にまとめられた、といわれている。五十歳を前にした兼好法師は、次のように人の世を解説していた。

蟻《あり》のように集って、東西に急ぎ、南北に走る人間たち。身分の高い者もあり、いやしい者もある。年老いた者もあれば、若い者もある。めいめい行く所があり、皆帰る家がある。夕《ゆうべ》に寝ては朝《あした》に起きる。一体全体、人間のやっていることは何なのか。生を貪《むさぼ》り、利を求めて、やむ時もない。身体《からだ》を養って、何を期待するのか。待ちもうけるのは、ただ老と死とだけである。〈中略〉これを待っている間、何の楽しみがあろうか。迷っている者は、これを恐れない。名利に目がくらんで、（死の）せとぎわが迫《せま》っているのを考えないからだ。愚《おろか》な人は、死期《しご》が迫っているることを悲しむ。何時《いつ》までも生きていたいと願って、万物は変化するものだという理法を知らないからである。

（第七十四段・同上）

吉田兼好

人間、誰しもが有意義な一生をおくりたい、と願う。

だが、そのためにも日々、食べていかなければならない、と考える。その日々の生活のためには、不本意ながらも働かなければならず、そのために〝時間〟を犠牲にしてもしかたがない、ともわれわれ日本人は思っている。

自ら人生を真剣に考えている方の中には、自身の夢や希望――有意義なことを老後に求めようとする人も少なくない。まして、かつて人生五十年、太平洋戦争時は二十五年といわれた日本人の寿命は、前述した如くのびている。

これまでのような老後、余世という考え方は、そもそも成立しなくなった。が、このことわりは、当然のごとく、自分の親にも適応されており、その看護にともなう覚悟も求められるようになった。人間の寿命がのびたことは、過去の日本史にはない。

本当に、自らが成したいことを見つけても、それにとりかかる〝時間〟は過去のいかなる時代に比べても、少なくなった。否、

「同じだ」

と、答えた人物がいた。前述のローマ人政治家セネカであった。

多数の人々が次のように言うのを聞くことがあろう。「私は五十歳から暇《ひま》な生活に退《しりぞ》こう。六十歳になれば公務から解放されるだろう。」では、おたずねしたいが、君は長生きするという保証でも得ているのか。君の計画どおりに事が運ぶのを一体誰が許してくれるのか。〈中略〉生きることを止める土壇場《どたんば》になって、生きることを始めるのでは、時すでに遅し、ではないか。有益な計画を五十歳・六十歳までも延ばしておいて、僅かな者しか行けなかった年齢から始めて人生に取りかかろうとするのは、何と人間の可死性を忘れた愚劣なことではないか。

（同上『人生の短さについて』）

「束の間」の人生をどう生きるべきか

兼好法師の生きた六七〇年前の日本のみならず、二千年前のセネカの時代のローマですら、人々は多忙であった。とするならば、現代の生活スピードは、その何百倍も速く、まさに目もくらむばかりだ。老後を期待しても、おぼつかないのではないか。

誓って言うが、諸君の人生は、たとえ千年以上続いたとしても、きわめて短いものに縮められるであろう。〈中略〉なぜならば諸君はこれを摑《つか》まえもせず、引き止めもせず、万物のうちで最大の速度をもつ時の流れを遅らせようともしないかわりに、それを無用なもののごとく、また再び得られるもののごとくに、過ぎ去るに任せているからである。（同上）

時の長さではない、と彼はいう。では、このぼんやり過ごすがために「束の間」となってしまう人生を、われわれはどのように摑めばいいのだろうか。

セネカは飲食や性欲に耽《ふ》けるのをやめ、多忙な生き方を改め、生涯をかけて「死ぬこと」を学ぶべきだという。これは難しい。まさに、哲学的な生き方をしろ、ということになる。人生が短い、と悟った織田信長はどうであったか。少なくとも文献上では、はっきりとした跡づけするものがない。兼好法師は、どういっていたか。「外界の俗塵《ぞくじん》（けがれ）から離れよ」と彼はいい、「生活・人事・伎能・学問」などの世俗関係を断ち切ってしまえという（第七十五段・同上『徒然草』）。

「摩訶止観《まかしかん》にもはべれ」

とも。「摩訶」はすぐれて大きなこと、「止観」は心を統一して正しく観察すること。天台宗などで、よく使う。禅宗における「座禅」、広く宗教で実施されるものでは「瞑想」（心霊修行）と同じ意味合いであろう。つまりは、大局的に人生を見ろ、ということになろうか。

その心中を理解したうえで、『徒然草』の冒頭を読むと――。

つれづれなるままに、日《ひ》ぐらし、硯《すずり》に向《むか》ひて、心《こころ》に映《うつ》りゆくよしなしごとを、そこはかとなく書《か》きつくれば、あやしうこそもの狂《ぐる》ほしけれ。（「序の段」）

妙に気持ちが高まって、もの狂おしい――気分が乗って、高揚して楽しい、と兼好法師はいっていた。なるほど彼のいうように、大局的に俗界の雑事を無視できれば、人生はそれなりに楽しいに違いない。

ネロ帝

だが、人は皆、兼好法師のようには生きられない。その何よりの証左が、同じ主張をしたセネカ自身の後半生であった。

実は、彼が教育係となった十二歳の皇子こそが、あの〝暴君〟ネロであった。

ネロの父クラウディウス帝の存命中、すでにセネカは法務官をつとめていた。后アグリッピナがクラウディウス帝を毒殺して、わが子ネロを帝位につかせた紀元後五四年——その二年後には、セネカは執政官補佐となり、親友でもあった親衛隊長ブルルスと共同して、ネロの後見をつとめ、ローマ帝国に善政を布《し》く。

問題はその善政実現のために、セネカとブルルスは皇帝ネロの関心を芸術へ向け、政務の大権をことごとく自分たちのものとする。その方がより人々に幸せを与えられる、と二人は考えたようだ。そのためには、やがて敵となったアグリッピナも遠ざけ——結局はネロに暗殺される——政敵も、次々と葬った。

だが、六二年にブルルスが死去すると、政治を独占していたセネカは、元老院全体の攻撃の的となり、孤立する。自らの莫大な財産をネロに譲渡するとともに、隠居を願い出たが許可されず、どうにか非公式に公的生活を退いたセネカは、それこそ余生を自分の楽しみ――蘇軾における詩作と同様の――哲学の研究に充実した日々を送った。

しかし、セネカ自身がかつて述べたように、充実した時間はことのほかに短かった。

セネカの末路が語りかけたもの

人生はどこまでも、皮肉にできている。六五年にガイウス・ピソの皇帝ネロへの叛逆の陰謀が露見したおり、セネカはこれに荷担した嫌疑をかけられ、ついにはかつての教え子の〝暴君〟によって、自決を命ぜられる。皇帝ネロは、隠退してもかつての家庭教師の存在を、片時も忘れてはいなかったのであろう。

セネカはあとを追って死ぬ、という妻ポンペイア・パウリナの見守る中、短刀で腕の動脈を切るが、血の出が悪くて死にきれない。脚と膝の動脈も切ったが、なお死ねず、彼は妻を別の部屋にさがらせると、祐筆《ゆうひつ》たちを呼び、遺言をかたりつづけ、ついには毒薬を友人にもって来てもらい、それを呷《あお》ったものの、これがまた一向に効かない。最後は熱湯の浴槽に入って、その熱気で息絶えたという。

セネカは己れの末路を、事前に予想していたようだ。自らを火葬にすべく、遺言も残していた。にもかかわらず、彼は自ら望んだ哲学探究の生き方の半ばで、事切れてしまった。心豊かに、納得のいく人生を送ったとはいえない。

人生を「束の間の灯火」と称したシェイクスピアも、「邯鄲の夢」も、蘇軾もセネカも兼好法師も、ことほどさように、〝束の間〟を「有意義」に生きることは難しい、とその生涯を賭《と》して雄弁に語っていた。

やはり、世俗的な生活、それに付随する出世や地位・権力、名声・財産、それらを生み出すための多忙な毎日を、われわれは少し考え直すべきではなかろうか。

なにも、定年を前に五十歳をすぎてから、考え直す必要はあるまい。

むしろ一年でも一日でも早くに、独自の喜びを十二分に加味した人生に、設計を変更するべきではないか。そのためには、日常生活における欲求・欲望をどれだけセーブするか、心の持ち方を変えなければならない。

蛇足ながら、もしも、好きなことだけをやって、日々が過ごせたら、おそらくこれにまさる喜びはあるまい。その理想像を、近代日本人に植えつけたのが文豪・夏目漱石であった、と筆者は思ってきた。

代表作の『こころ』に登場する「先生」は、仕事をしていない。『それから』の主人公にも、職業と呼べるものがなかった。彼らはどうやって、日々の生活をしていたのか。彼らは総じて、日々の生活費には困らない人々であった。

漱石はこれらの人々を、大正元年（一九一二）刊行の『彼岸過迄《ひがんすぎまで》』の中で、「高等遊民」と命名していた。資産家の息子で、高等教育（大学）を受けていながら、働かないで生活できる人々のことである。が、普通の人間はそうはいかない。働かなければ食べていけないし、そもそもの人生設計そのものが立たない。

夏目漱石

ただ誤解のないように、あえてことわりをしておくと、ここにいう「高等遊民」は、現代のニートや引きこもりの人々とは違う。少なくとも「高等遊民」は、社会との適度な接点をもっており、自分たちの生き方に

鴨長明

は誇りをすら抱いていた。

漱石の作品のみに関していえば、当時の日本の、帝国主義へと突き進む世相に、歩調をあわせることができず、あるいは合せるつもりがなく、あえて時勢・世間に背を向けた人々であった。

むしろ、中世における〝隠者〟はこの系統の前身といってよいだろう。平安時代の初期に出現した「遁世聖《とんせいひじり》」の玄賓《げんぴん》や空也《くうや》、西行《さいぎょう》や鴨長明など。

しかし、われわれは自ら働いて、日々の糧《かて》を得なければならない。

〝第二の人生〟を考える、は手遅れ

かといって、サラリーマン生活をおえてから、〝第二の人生〟を考える、では手遅れであることを、本書はこれまでみてきた。これからみる石門心学を開いた石田梅岩がそうであったように、何をするにも準備期間は必要である。彼は契約社員をやりながら、前出の「摩訶止観」をつづけていた。

しかも梅岩は、日々の生活（会社勤め）を適当にやりながら、自らの関心のある世界だけを大切にすべし、などとは主張していない。それはそもそも、無理であるから。それこそアブハチ取らず、二兎を追うものは一兎も得られなくなってしまう。

勉強は本来、自らの好きな世界で生きていくために、自らを導くものだ、と筆者は考えてきた。好きな歴史をなりわいにし、歴史の世界にうずもれるようにして生活したい、と筆者が考えたのは大学へ入ってからのことであった。

石田梅岩

もし、高校生のとき、否、小・中学生の頃から、そう考えて作戦をねり、日々の生活を送っていたならば、筆者の歴史の世界はもっと広がりをもったに違いない。

社会に出る前に、それもできるだけ早く、そのことに気づいた人は幸せである。

が、「少年老い易く学成り難し」で、気

がついたときは遅すぎる——これは、親孝行だけではなかった。一般に人が人生をふり返るのは、失意のとき——左遷されたり、大病を煩《わずら》って、もはや人生はおわった、と感じたときである。

つまりは、立ち止まってものを考えざるを得なくなった時であることが多い。疑問をはさむ余裕すらなく、日々のただただ忙しいだけの毎日を生きている中で、自らの生き方を省《かえり》みるのは、至難のわざといえるだろう。

では、どうすれば立ち止まり、ふり返られるのか。具体例を梅岩の「心学」に見る前に、その前提となる日本の国体《くにがら》に、一度話を戻さなければならない。

どうしても、確認しておかなければならない、日本人共通の文明観について。日本人が共有する心象《しんしょう》（感覚・記憶などが、心の中に再生されるもの・イメージ）といってもよい。

今日の日本人を作った、少なくも戦後の復興期にくり返し喧伝《けんでん》された、日本人共通の「個」に勤労・勤勉があった。この徳目が日本人全体に意識された江戸時代においては、「勤倹貯蓄《きんけんちょちく》」ともいわれ、以来、長い間、日本人の美徳とみなされてきた。

では、なぜ日本人は勤労・勤勉となったのか。勤倹貯蓄が、日本の国民性と定まったのか。誤解のないように先走っていえば、これらは決して、物質的な貧しさからの結果ではなかった。

アジア・太平洋戦争の終戦後も、その前の近代の幕開け＝明治維新の頃も、無論、今日にいたってさえも、物質的にめぐまれない国の人々が、かならずしも勤労・勤勉ではないことを、われわれ日本人は知っている。

先進国の援助をあたり前のように考え、自ら積極的に働こうとしない、自らの国を豊かにしようとしない民族性は、残念ながらいつの時代にも、それこそ世界中の国に存在した。資源があろうがなかろうが、外貨を獲得する必要に迫られていようがいまいが、働かない人々は頑《がん》として働かなかった。

筆者は日本人の徳目、「個」の集合体は、日本史のほぼ全域を通じて行われてきた農業――なかでも稲作《いなさく》に、その主たる発生原因があった、と考えて来た。

日本列島は、亜熱帯から温帯を含む照葉樹林帯に属している。夏は暑く、雨量に恵まれていた。概して、温暖といっていい地域に、大陸から縄文時代の後期（紀元前五世紀）、日本の北九州へもたらされたイネは、つづく弥生時代（三世紀まで）に水田農耕＝稲作《いなさく》として定着する。

自然と折衷・調和する文明観

日本の神話から三世紀――中国の三国志の時代に、三国の一《いつ》・魏《ぎ》と交渉をもった卑《ひ》弥《み》呼《こ》の邪《や》馬《ま》台《たい》国《こく》の頃まで、いまだ文字をまともにもたなかった大和民族は、集団生活の中で稲作にめぐり合う。何処かの新聞で読んだのだが、米作りには全部で百三十五の手間がかかる、とあった。日本人はこの面倒な工程を一つ一つクリアして毎年、春・夏・秋・冬、あるいは一年ごとに異なる自然と真摯《しんし》に向き合いながら、稲作を列島に広げていった。

コメが、極めて優れた食糧源であったからだ。蛋白質《たんぱく》、脂肪、炭水化物を過不足なく含み、連作が可能で、同じ土地に毎年作付けができ、しかも同じ収穫量が期待できた。このような栽培食物は、コメ以外にはない。しかも、おいしいではないか。

日本人はこの収穫率の高い、しかもうまいコメを作る過程で、季節を見極め、水はけに気を配り、病虫害の発生と戦いながら、あるいは台風の襲来に泣かされながらも、辛抱強さ、勤労・勤勉、「勤倹貯蓄」の徳目を身につけていった。

稲作こそが、米食＝日本人の生活の中核となったように、日本人の基本的な性格をも創りあげたといえる。気候に恵まれた日本は、贅沢さえ望まなければ、飢えに苦しむことも少なく、地道に暮らしていける環境を、古代—中世—近世と作りあげてきたのだ。換言すれば、自然と折りあい、調和し、共生の道を歩んで来たのが日本人であった。

われわれ日本人の文明は、自然と対決し、力づくで自然を捩《ね》じ伏《ふ》せ、征服する西欧文明とは、明らかに根幹が異なっていた。

その日本人共通の「個」が最初に変質したのが、文明開化で欧米列強に追い付け、追い越せと「富国強兵」「殖産興業」にひた走った、〝明治〟という時代であった。

——すべては、欧米列強の模倣から始まった。

近代以降の日本に繁栄をもたらしたものは、産業・経済、戦争のしかたまで、ことごとくが欧米先進国の応用、改良であり、それを支えたのが辛抱強さ、勤労・勤勉、「勤倹貯蓄」の徳目であった。

考えてみれば、一目瞭然《いちもくりょうぜん》であろう。日本人は世界に冠たる自動車を今も造っているが、なぜ、自動車が四輪で今の形になったのか、そもそもを知らない。ヴァイオリン、ピアノを器用に造るが、試行錯誤されてきた長い歴史を理解しているわけではなかった。

日本人の心象が、オリジナリティを超える加工、模倣を可能にしたにすぎない。誤解されると困るのだが、筆者はこの模倣を貶《けな》しているのではない。むしろ、日本人の文明観を誇りに思って来た、といいたいのだ。

実はこの模倣も、稲作の環境＝自然への配慮をベースに、生み出されたものであった。コメ作りという生き方の基準を得た日本人は、この稲作をはぐくんだ〝自然〟＝自然的秩序にはまるかどうか、で物事を比較検討《けんとう》し、はまらないものは〝不自然〟なものとして取り除き、拒否する考え方を定着させた。

一方、すばらしいものならば、改良して受け入れて来たのが日本人であった。

いかに価値のあるものであっても、外来のものは日本においては、そのまま無条件に受け入れられるということはなかった。かならずや、風土的秩序にあてはまるかどうかが吟味され、必要とするものは「化生《かせい》」（形を変えて生まれ変わる）して、すでにある従来のものに折りあいをつけつつ、受け入れられて来た。もの作りも、同じであったろう。

仏教・道教・儒教の場合

たとえば、ゴータマ・ブッダ（シッダールタ）によって創始された仏教――この教えは、紀元前五～四世紀のインドに起こり、紀元後一世紀頃には今日につながる大乗仏教を成立させた。七世紀頃には密教が盛んとなったが、発生の地インドでは十三世紀初頭にほぼ、仏教は全滅。それでもアジア各地に広がった仏教は、一世紀に中国へ。この地で全盛を誇り、その漢訳されたものが朝鮮半島を経由して、日本へ六世紀の中葉にもたらされた。

百済《くだら》の聖明王《せいめいおう》（聖王）は、釈迦仏金銅像に経典をそえ、欽明《きんめい》天皇（第二十九代）に仏教を伝えた。聖明王は、仏教の功徳を次のように述べている。

「是の法《みのり》は諸々の法の中に、最も殊勝《すぐれ》し。〈中略〉此の法は能《よ》く量《はかり》も無く辺《かぎり》も無き、福徳果報《いきおいむくい》を生《な》し、乃至《すなわ》ち無上《すぐ》れたる菩提を成弁《な》す」

この「仏教公伝」（五三八年、五五二年説あり）に接した欽明天皇は、

「朕《われ》、昔より来《このかた》、未《いま》だ曾《かつ》て是の如《かく》く微妙《くわ》しき法《のり》を聞くことを得ず」

大いに伝来を喜んだが、日本にはすでに八百万《やおよろず》の神さまがいた。

〝不自然〟――必要ないのではないか、と国内は排仏派と崇仏派に分れて仏教の受容をめぐって争論が起きた。そして、ついには武力をもって決着をつけ、仏さまは外来の神として容認される。

以来、仏教は神をも凌《しの》がんばかりに、日本人の骨格を作るほどの影響力を持つことになった。

同様に、中国伝来の道教はどうであったか。

神仙思想を中心として、「老子」「荘子《そうし》」の思想、さらには、易・陰陽・五行・讖緯《しんい》（未来の吉凶を予言する術）・医学・占星などの説。巫《ふ》の信仰などをも加えた、この巨大な教えは、中国では不老長生を主な目的として、現世利益的な宗教として発生・発達した。

日本には大陸や半島から渡来した人々によって、部分部分がバラバラに伝えられたが、やはり吟味されている。

たとえば律令制の中では、道教的信仰はことごとく排除されたものの、薬をつかさどる部分や陰陽師などは認められ、医療や暦を依頼しつづけ、占い好きな民族性はなんと、今日の日本人の中にまで伝承されてきた。

中国において、孔子に始まる儒教はどうか。

前漢から清末まで、大陸では王朝支配の体制を支える教学となった。宋代以降は、仏教・道教をも取りこんで新しいものへと進化をとげ、宋代の朱子学や明代の陽明学などを生み出したが、日本はその変化の都度に、必要とされる部分のみを適宜、採用しつづけた。

神道・仏教・道教・儒教——日本人はいずれとも折衷・調和して、自分たちの都合のいいように〝教え〟を活用してきた。幕末になればオランダからフランス・イギリスへ、明治に入ればいつしかドイツへ、大正時代に入ればアメリカ。戦後はアメリカから、ヨーロッパ全域へ。

好奇心の旺盛なわが島国の民は、時代によって必要とするものを、外国の文化から摂取し、吟味して呑吐《どんと》（飲んだりはいたり）し、日本の〝自然〟にマッチするように改良、採用する——外から見れば図々しいやり方で——有形無形のものを手に入れ、生きてきた。

これが一面、模倣文化をも生み出すことにつながってしまった。

キリスト教伝来と鈴木正三

戦国時代、キリスト教が到来したときも、日本人の態度は神道の〝自然〟を第一として、すでに根付いていた仏教と比較し、この舶来の教えを諸仏の一つと、まずは片付けた。

> きりしたんの教《おしへ》に、でうすと申《もうす》大仏、天地の主《ぬし》にして、万《よろず》、自由の一仏有《あり》。是《これ》則《すなわち》天地万物の作者なり。此《この》仏、千六百年以前に南蛮へ出世（仏が衆生《しゅじょう》を救うため、この世に現れること）有《あり》て、衆生《しゅじょう》（仏に救われる人間）を済度《さいど》（苦海を渡らせ極楽に至る）し給う《ママ》。其《その》名をぜず・きりしと（イエス・キリスト）と云《いふ》也。〈中略〉破《は》して（負かして）云《いはく》、でうす、天地の主にして、国土、万物を作出《つくりだ》し給ふならば、何として其《その》でうす、今まで無量の国々を捨置《すておき》て、出世し拾《たまは》ざるや。〈中略〉其中《うち》、終《つい》に、余国（日本）へでうす出給はで、近比《ちかころ》、南蛮計《ばかり》へ出世有《あり》と云事、何を証拠とせんや。でうす、天地の主ならば、我作出《つくりだ》したる国々を脇仏《わきほとけ》にとられ、天地開闢《かいびゃく》より以来、法を弘《ひろ》めさせ、衆生を済度させ給ふ事、大きなる油断なり。

（『破吉利支丹《はきりしたん》』・カッコ内は筆者）

著者の鈴木正三《しょうさん》は、犬が嚙みつくような勢いで断じた。

「――正しく此《この》でうすは、たはけ（戯《たわけ》）仏也」

と。この人物こそ、実は石田梅岩の、石門心学の前衛をなした――梅岩の生きた一つ前の過渡期を生きた、という意味で――師ともいうべき人物であった。

今は亡き評論家の山本七平《しちへい》は、「日本の資本主義をつくった人物」「勤勉の哲学の祖」とまで、この正三を買っていた。次章で梅岩へ通じるプロセスから、「心学」への具体的なアプローチを見てみたい。

鈴木正三

第一章
本当の自分に踏み出す勇気

「まさか」の「下り坂」

過去に学ぶことを、未《いま》だに誤解している人がいる。

曰《いわく》、「歴史は国や地域によって異なり、同じものはない」。同様に、「歴史に法則性などというものはない」と。

とんでもない、歴史学が対象とする個人・国家・組織は例外なく、すべて人体と同じプロセスをたどる。誕生して成長し、壮年期を迎え、やがて徐々に衰亡して逝く。

この流れに抗敵《こうてき》（てむかうこと）は、何人もいかなる国家もできない。

成長の著しい過程である「上り坂」、勢いがしぼむ「下り坂」、こうした転換期に起きるのが、世の中では一番怖い「まさか」である。

筆者はかつて、石門心学を極めた麩商・半兵衛麩の十一代目・玉置半兵衛会長にこのことを学んだ。

「狂気は個人にあっては希有《けう》なことである。しかし、集団・党派・民族・時代にあっては通例である」

といったのはニーチェ（『善悪の彼岸』）であったが、キリストを罵倒した鈴木正三《しょうさん》は、自律・自制の心をもたない餓鬼《がき》のような日本人が群れていた、狂気のような戦国乱世の真っ只中《ただなか》に生まれていた。

実力、腕力だけがものをいう〝下剋上〟の時代、日本人は理性を失い、ともすれば覇権主義、結果主義の亡者《もうじゃ》の世界に踏み迷っていた。乱暴狼藉《ろうぜき》に酔っていた、ともいえる。

天正七年（一五七九）に生まれた正三は、織田信長が叛臣・明智光秀に襲われ、横死した本能寺の変の三年前、まさに戦国武将が英気溌溂《はつらつ》としていた乱世たけなわの頃に、この世に出てきたことになる。徳川家康の家臣・大久保彦左衛門より、二十歳年下であった。

三河国加茂《かも》郡足助《あすけ》（現・愛知県豊田《とよだ》市足助町）に生まれた正三は、三河の武士団の一員であり、徳川家康の関東移封にともなって下総（現・千葉県北部）へ。その旗本となっている。その後、二十二歳のおりに、家康の後継者（のち二代将軍）である秀忠の軍中にあって、関ヶ原の戦いに遅参してしまったこともあったが、それでも二百石取りの旗本となり、大坂の陣――なかでも夏の陣では秀忠の先陣をつとめ、自らも白刃をかざして戦っている。

豊臣政権が崩壊してのち、正三は大坂城の大番役をつとめ、順調な出世コースを歩んだが、それでいながら元和《げんな》六年（一六二〇）、大坂勤番が解けて江戸へ還ることになると、お家断絶、切腹をも覚悟のうえで、ふいに出家してしまう。

四十二歳であった。曹洞宗の僧籍に入ったようで、以来、七十七歳でこの世を去るまで、彼は禅宗（無宗無派）の僧侶として生きることになる。

正三が前章の『破吉利支丹』を著したのには、禅僧としての立場に加えてもう一つ、弟・重成《しげなり》の存在があった。この人物は、天草・島原の乱（島原・天草一揆）のあと、天草の復興代官をつとめており、正三はこの弟の要請で、天草に三十二ヵ寺を建立していた。ちなみに重成は、天草再生の指揮をとってのち、江戸で自刃している（六十七歳、病死説あり）。のちに、鈴木神社（熊本県本渡《ほんど》市）の祭神となった。

それはさておき、鈴木正三の生きた時代は、戦国末期から江戸幕府誕生を経て、四代将軍徳川家綱が〝寛文の治〟といわれる善政を施いた過渡期に相当した。

これからみる梅岩の時代が、町人・商人の勃興期から停滞期への転換の時代であるとすれば、正三の時代はまさに武士の過渡期にあたった。否、「まさか」の「下り坂」であったといえる。

世の中は戦国から泰平へと移り、常時戦場の日々はなくなったものの、それは同時に、農民が一国一城の主《あるじ》となれる夢、足軽から天下人に成りあがれる可能性を塞《ふさ》いでしまったことを意味していた。

宇宙の本質は「一仏」にあり

合戦にのみ生きがいを感じ、死を恐れず立身出世を槍先に求め、己れの生命《いのち》を賭けた武辺者《ぶへんもの》(武士道の原型の者)にとっては、実に生きるのが苦しい世の中になってしまった。侍《さむらい》は酒精度の高い気分、自らに酔うことができなくなったのだ。

士農工商が徐々に固定化した、心理的閉塞感を抱いた武士たちは、新しい時代、何に生きがいを求めていいのか、わからなくなってしまう。

確かに、戦《いくさ》のない平和な時代はありがたい。しかし武士は、その本懐《ほんかい》を遂げられなくなってしまう。これから何をどうすればいいのか。無事泰平と立身出世——この二《に》律背反《りつはいはん》の武士の思いは、やがて形を変えて正三から、のちの梅岩へと背負わされることになる。

――先に正三がいて、のちに梅岩が出た。

信長の生前、この覇王の前で側近の天台宗の僧・朝山日乗《あさやまにちじょう》とイエズス会のルイス・フロイス（正しくは、その教えを受けた日本人修道士《イルマン》のロレンソ了斎《りょうさい》）が宗論《しゅうろん》を闘わせたことがあった。このとき日乗は、仏教の本質＝生命は絶対的な実体ではなく、根本は皆空《かいくう》であり、人は死ねば解体されて空に帰《き》するものだ、と説いて、キリスト教の霊魂の存在を否定しようとしたが、敗れた。

ここでも、前章の冒頭にふれた比較史学が登場している。

二つの宗教を比較して、宗論を展開する場合には、相手の論理をこちらももちいて、そのうえで相手の宗教の矛盾を突き、論破してみせなければならなかった。そのためには手続きとして、まずはこちらの思想を相手に対応する形で、表現しなければならなかったのだが、本来の仏教には遺骨や遺髪への信仰はない。霊魂すらみとめていなかった。死ねば益体《やくたい》もない〝無〟――。それを認めるために、解脱《げだつ》するのが仏教であった。

一方のロレンソは、西洋的なカテキズム（教理問答書）をかじっており、日乗はそれを知らなかった。そのため鞘から刀を抜き、ロレンソへ、「貴公のいう霊魂を見せてもらおう」と挑みかかり、かたわらの、武士たちに取り押さえられたのだが、正三は同じ仏法者でありながら、見事にキリスト教を否定した。

日本の歴史はすでにみた如く、古代も、近代も、外国からの文化を折衷・調和して、いわば模倣の時代が長かった。そのため、日本人は自己表現能力が乏しく、独創性に欠けている、といわれがちであったが、室町から江戸にかけての乱世、日本は独自の表現能力をはぐくむことができた。

正三の場合は、凛《りん》と宇宙の本質を「一仏《いちぶつ》」と定めた。のちの梅岩の言葉でいう「乾《けん》元《げん》」が、儒教からの借用であるなら、正三のそれは仏教の応用であった。いずれも日本人らしい。正三はいう。この「一仏」は、見ることも知ることもできない。キリスト教の霊魂《ソウル》、仏教の「仏性《ぶっしょう》」である、と。ただ、三つの「徳用」があり、それゆえに「一仏」を理解できるのだ、と説いた。

キリスト教の三位一体論《さんみいったいろん》に比して、正三は「月なる心」（父なる師）、「心なる仏」（子なる神）、「医王《いおう》なる仏」（聖霊なる神）と名付けている。月は天然自然の秩序を意味し、心の仏は人間も宇宙の秩序に組み入れられている、と説いた。人間はその宇宙の秩序に従っていれば、何一つ問題は起らない、と。

〝三毒〟と現代人に通じるヒント

しかし、と正三。戦国乱世は大量の人殺しをし、人間を「一仏」から遠ざけてしまった。なぜか、彼は人々が心の病に冒《おか》されたからだ、と説いた。「貪欲《どんよく》」（自分の好むものへの愛着）、「瞋恚《しんい》」（自分の心にかなわないものへの怒り、うらみ）「愚痴《ぐち》」（真理を解する能力のないこと）の〝三毒〟――この病を癒《いや》してくれるのが、すなわち「医王なる仏」であった。そして、この仏に癒しを願うおこないこそが、信仰心である、と正三は解釈したわけだ。

では、どうすれば「心なる仏」が、〝三毒〟に冒されずにすむのか。「成仏」＝仏に成ればよい。だが、仏になるためには修行がいる。しかし、日々の生活のある人々には、なかなか仏法修行などできるものではない。現代人も同じであろう。

――ここで正三は、心的転回をする。

一心に「成仏」を求める仏法者より、日々の生活をしている人々の方が偉いのだ、と彼はいう（『万民徳用《ばんみんとくよう》』）。たとえば、僧侶は社会的寄食者にすぎない。食べて、死ぬ。

しかし農民は自分の食べる以上のものを作り、世に返してから死んでいく。

「よほど、こちらの方が立派ではないか」

すなわち、「農業則仏行なり」である。「商人《あきひと》」も同じだ、と正三はいう。売買は天道よりあたえられたもので、決して卑しめられるものではない、と彼は主張した。

問題は「心にあって業《わざ》になし」——商売の利益を考えるとき、「一筋に正直の道を学ぶべし」。自然の摂理にしたがった売買は、かならずうまくいく。

が、ここで心がおごると、悪道に落ちてしまう。現代でいう、モラルハザードだ。

では、どうすればいいのか。正三は、一切の執着を捨てろという。


一生は唯、浮世の旅なる事を観じて、一切執着を捨《すて》、欲をはなれ商《あきない》せんには、諸天是《これ》を守護し、神明利生《しんめいりしょう》（祈りがつうじ救済・悟りなどが与えられること）を施《ほどこし》て、得利もすぐれ、福徳充満の人となり、大福長者をいやしみて、終《つい》に勇猛堅固の大信心発《たつ》て、行住座臥《ぎょうじゅうざが》（日常のたちいふるまい）、則禅定と成《なり》て、自然に菩薩心成就《じょうじゅ》して、涅槃《ねはん》の妙薬、すなはち無碍《むがい》（じゃまするものがない）大自在の人となりて、乾坤《けんこん》（天の道）に独歩すべし。

（「商人《あきひと》日用」・『鈴木正三道人全集』の「万民徳用」所収）

正三の教えは、日々の生活、業務こそが、仏法修行であり、それを一心不乱におこなえば、それだけで「成仏」できると説いた。今風にいえば、楽しい、面白い、オシャレだといった感性に訴えれば、人生は豊かになる、ということになろうか。

「仏法 則《すなわち》 世《せ》法也《ほうなり》」、「世法にて成仏する理《ことわり》なり」――なるほど、彼の発想はユニークであった。が、オリジナルではない。すべては、禅から借用したものであった。

たとえば、「剣禅一如」――一心不乱に剣の修行をすれば、禅の修行をおこなったのと同じことになる、という考え方がある。

ただし、農工商と異なり、士の〝武〟はいくら修行しても、直接的利潤は生じない。商いをすれば利がうまれ、それを追求すると〝三毒〟に嵌《はま》ってしまう。

しかし正三は、結果としての利潤はよしとした。剣の腕をあげて、推挙されるのと同じではないか。こうした仕事を好きになる彼の考え方は、これから見る梅岩の思想と、何ら異なるところはなかった。

――石田梅岩の「心学」もしかり、であった。

元禄バブルが弾けた！

くり返すようだが、時代によって必要とするものを、外来の文化から摂取し、吟味して改良を加え、採用するやり方で、日本人はこれまで生きてきた。

鈴木正三も、戦国乱世から泰平の世へ移った時、日本人はいかにこれまでの意識を変えて生きていくべきかを考えたわけだが、やがて彼の思いをもってしても、何ともならない、とんでもない時代が出現した。

日本史的にいえば、戦国時代から江戸の元禄時代の百十年余は、それこそ戦後の二十年余に匹敵する、高度経済成長の時代であった。

戦国大名は生き残りをかけて、「強兵」のための「富国」策を採用し、織田信長などは世に先駆けて、〝楽市・楽座〟を実行。商人を優遇して利潤をあげる方法を工夫し、一方で大名たちは荒地の開拓・開墾にも力を入れ、農業面積を飛躍的に広げた。

武士たちは、己れの武家奉公に、何の疑念も抱いていなかった。

先の正三などは、モーレツサラリーマンそのままに、「修行の為《ため》には、奉公に過《す》ぎたることなし」と言い切り、次のようにも断じていた。

身を捨《すつる》ならば、何ぞ今の奉公を勤《つとめ》ざる。いやなことを作《なす》こそ身を捨《すつる》なれ。殊《こと》に修行を云《いう》は、強き心を以《もっ》て修することとなる間、出家よりは侍《さむら》ひよき也。

（鈴木正三著『驢鞍橋《ろあんきょう》』）

この拡大路線は江戸期に入っても変わらず、〝無事泰平〟の世の中は、武士の存在意義を戦闘者から官僚・役人へと変質させ、一騎当千の正三のような武士を出家させる事態となる一方で、商いの世界は余剰生産物を増大させ、物流、商品経済を勃興させる。その勢いは徳川家康の目指した、自給自足の米経済を脱し、貨幣経済の世界へと雪崩《なだれ》をうって拡散していった。

世相はいつしか商人の実力が、武家の権威をやすやすと越え、封建制の均衡が破れる寸前にいたった。まさしく、下剋上である。

幕府は慌てふためき、ときの五代将軍・徳川綱吉は、勘定奉行の荻原重秀《おぎわらしげひで》に命じて、貨幣の改悪、改鋳を断行する。が、貨幣の品質が落ちれば、当然、品物の値段は高騰する。この経済の原理原則は、今も昔も変わらない。

さすがに激しい勢いとなったインフレ現象を、そのまま座視できなくなった幕府は、六代将軍家宣《いえのぶ》の時代になると、貨幣の品質をもとに戻し、元禄以前のゆるやかなインフレ基調に軌道修正をおこなった。つまり、デフレへと舵を切ったわけだ。純度を高めた小判は、発行量が当然、減る。国民経済はここで一変、不景気となった。元禄バブルが弾けた、といわれるのはこの時である。

昭和恐慌と酷似した時代

——問題は、デフレであった。

八代将軍吉宗は、深刻化する米の相場の下落を食いとめようと、〝享保の改革〟を断行したが、打ちつづく凶作・天災の影響もあり、一度は上昇に転じたものの、米相場は享保七年（一七二二）前後に最高値を記録したが、それ以後はじりじりと相場を下げ、十年ほどの間に四分の一という、考えられない下落を記録してしまう。

米の取れ高を、身分制に持ち込んだ江戸時代、武士は年貢米を金銀に換えて生活しており、農民も税の支払いは米であり、米価の下落はそのまま彼らの生活を直撃した。

将軍吉宗はこの事態を憂慮し、幕府権力をもって米市場に介入、どうにかして米価をつり上げようと努力したが、どうにもうまくいかない。

米の信用取引を許し、相場を活性化させて米価を上昇させようと図ったり、江戸特権商人に米会所《こめかいしょ》を設立させ、米価の調節をまかせたりしたのだが、経済は物流や金の流れそのものが一つの生き物のようなものであり、いかに強力な政治権力が介入したとしても、経済そのものを自在に操ることはできなかった。

――その後、デフレは七十年余も続くこととなる。

江戸後期のデフレが、インフレに転じるのは幕末、欧米列強が日本へ押しよせて来て、日米修好通商条約以下の諸条約を、幕府が結んでのちのこととなる。

この間の惨状は、昭和初期の日本にも出現していた。

「歴史とは過去の発見である」（E・H・カー）は、その通り。

日本の昭和四年にあたる一九二九年十月二十四日の朝、アメリカではニューヨークのウォール街において、株式市場の暴落《ガラ》が発生した。

花形株が枕をならべて暴落を演じ、のちに「暗黒の木曜日」として知られることになるこの一日が、世界恐慌の引き金となった。

わずか二、三週間で、三百億ドルが空中に吹き飛ぶ。この金額は、アメリカが第一次世界大戦に消費した金額に相当し、国債総額の二倍に匹敵したという。アメリカは一転、失業と貧困の社会へと追い落とされ、失業率は約二五パーセント、五人に一人が失業するという惨状となった。

アメリカ経済に依存していたヨーロッパも、工業生産は停滞《ていたい》し、貿易も減退。株価の崩落は、世界の農産物市場をもパニックに追い込んだ。

無論、日本も大恐慌に直撃されたのだが、日本人はいつの時代も根拠のない安心感を抱いているもののようだ。その証左に、昭和五年（一九三〇）一月には金輸出解禁に踏み切った。これによって日本経済は、未曾有の大不況に見舞われる。結局、再び金輸出を止めるまでの二年間で、わが国は約八億円の正貨を失い、株価と物価は暴落した。昨今の八億円ではない。現在でいえば、四千億円に迫る額である。

昭和四年から同六年にかけて、日本の輸出額は四三・二パーセント減り、輸入額は約四〇パーセントの減。これに正貨の流出がくわわって、国際収支は連年、巨額の赤字を記録。日本は世界恐慌の渦《うず》の中に、完全に取り込まれてしまった。

国民の消費見送り、企業の買い控え、商取引は停頓《ていとん》する。ある種、今の世相に似ていた。各産業はそれでも事業を持ち堪《こた》えられず、操業の短縮・制限をおこない、資金難に陥った会社は商品の投げ売りを開始した。

同じことは、江戸のデフレ経済の時代にも、すでにおきている。安物売りが人気を博し、全品三十八文、十九文という値段均一の小売店が、江戸中で大流行した。今日の百円ショップの、先駆けといえようか。

しかし、商品の投げ売りでも不況を乗り切れないとなると、企業は賃金カット、工場閉鎖、職工の解雇をせざるをえなくなる。

生産従事者が職を失えば、購買力はさらに減退する。取引の停滞、生産の減退は、いつ改善されるとも知れない大不況の中に、日本全体を追い込んだ。

怒りの矛先

政府は現代風にいう、ケインズ経済学のスペンディング・ポリシー、つまり有効需要創出の政策を打ち出し、大いに公債を発行して、政府事業などをさかんにすべきであったが、ケインズの『一般理論《ジェネラル・セオリー》』が公刊されるのは昭和十一年(一九三六)のことであり、昭和一ケタの日本政府は、江戸幕府と同様に、やみくもに質素・倹約を終始、国民に説いた。

日本の国民総生産（GNP）は昭和五年から一気に落ち込む。前年の昭和四年を一〇〇とすると、同五年は八九・一、同六年は八〇・六。ようやく昭和七年で八二・八、同八年で九三、同九年になって一〇二・八――恐慌直前の水準に回復したわけだが、この間、日本は満州事変を惹《ひ》き起こし、戦争による景気回復策をとり、それがそのままアジア・太平洋戦争へと突き進むこととなる。

昭和五年（一九三〇）当時、日本では農業・漁業に従事する人々が、最大の有業人口となっていた。農林・漁業労働者は総数約一〇三〇万人、全有業者の三四・一パーセントを占めている。ちなみに、俸給生活者《サラリーマン》は約一六〇万人（五・四パーセント）にすぎなかった（平成二十五年〈二〇一三〉の統計では、第一次産業と第二次産業が国民総生産〈GNP〉に占める割合は、合せて約二五パーセントとなっている）。

昭和の戦前において、その最大の有業人口をかかえる農漁村が、世界恐慌の中、最も深刻な打撃をうけることになる。

生糸価格、ついで米価が暴落した。娘の身売り話や欠食（満足に食事のできない）児童の続出が話題となった。

そうした中で財閥系の銀行は、金解禁不況の中、ドル買いに走る。しかも粉飾決算をおこない、過大な評価損を出したようにみせかけながら、ドル買いによる利益を秘《ひ》匿《とく》した。国民の怒りは、一斉に財閥へと向けられる。

——同じことが、江戸時代にも起きていた。

米の相場が定まらないのは、商人の振る舞いに原因がある、というもので、泰平の世の下剋上——士農工商の一番下位の商人が、最上位の武士の首根っこを抑える、という現実に、江戸時代前半の世上は、商人性悪《せいあく》説を生み出し、ついには商人無用論を展開。世に、喧伝するにいたった。現代風にいえば、一時流行した「商社性悪論」となろうか。

とりわけ幕府や諸藩の学者は、「義」と「利」を対立するものとみなし、武士＝義のため、商人＝利のための存在と定義し、商人や商いは不道徳なもの、賤《いや》しむもの、として徹底して貶《おとし》めた。

荻生徂徠《おぎゅうそらい》、林子平《しへい》、高野昌碩《たかのしょうせき》らの著作が、さしずめこの定義を担い、世に広めたもの、といえるだろう。

同じ時期に、商人の側からも西川如見《にしかわじょけん》や三井高房《たかふさ》らが出て、前者は『町人嚢《ぶくろ》』を、後者は『町人考見録《こうけんろく》』を著して反駁《はんばく》したが、〃商人性悪説〃〃商人無用論〃は圧倒的な強さ、影響力をもって世に喧伝され、これらを覆《くつがえ》すまでにはいたらなかった。

梅岩が執拗に求めたのは、実はこの反撃のための論旨であった、ともいえる。彼の「心学」は商人の立場をくつがえし、なおかつ日本人の生き方についてまで解答を用意した。

ここで興味深いのが、この梅岩自身であった。彼は今ならさしずめ、ニート、引きこもりになって、何ら世の役に立たず、身内に嘆かれながら、生をおえていたに違いないような人物であった。とにかく、何をやってもモノにならない男であった、といえる。

逆に、成果からみれば、奇跡のような人物とも評価できようか。

戦国乱世から泰平の世へ移った時、これまでの意志を変えて、いかに生きるべきかを説いたのが鈴木正三ならば、江戸の元禄バブルがはじけて、火の消えたように停滞した人心の中で、これからの生き方を考え、「心学」を提案したのが石田梅岩であった。

正三が正々堂々たる三河武士から、禅僧への転身を果したのに比べ、梅岩はなにをやってもままならない、自分で自分を持てあます人物であった。

今ならニートの梅岩

貞享二年（一六八五）、丹波国桑田郡東懸村《とうげ》（現・京都府亀岡市東別院町東掛《ひがしべついんちょうとうげ》）の中農（中流中産・今日のサラリーマン社会なら、部長クラス）石田権右衛門の次男として梅岩は生まれていた。通称を勘平、諱《いみな》を興長《おきなが》といった。

姓名を名乗ることのできる、由緒もあったようだ。石田本家の先祖は戦国時代、東懸村とその周辺を有する小領主であった、と伝えられている。

権右衛門は山もちの農民であったが、息子で次男の勘平には相続権がない。長男以外は、商家へ奉公に出るのが当時の常識であった。

今日ならば、小学校を卒業した頃合《ころあい》にあたる十一歳で一度、梅岩こと勘平は、京都の呉服屋につとめたが、つづかずに十五歳で失意の帰郷。二十三歳までの青少年期の八年間を、彼は農業に従事して日々を送ったが、これとて見通しがつかない。

現代社会なら、このあたりではや、ニートか引きこもりの人生となったであろうが、幸か不幸か、勘平はニートも引きこもりも知らなかった。周囲も彼にタダ飯を食べさせることを、決して許してはくれない。

しかたなく勘平は、京へ出た。再び別の商家＝大店《おおだな》の呉服屋・黒柳家の使用人となる。しかし、その前途は夢も希望もない、定められた路線が待っているにすぎなかった。

当時の用語で、彼のことを「中年《ちゅうねん》」奉公と称した。

十代なかばの元服ののちに、別途に雇い入れられた者をいい、現在の企業に置きかえれば、まさに契約社員に相当した。

「中年」は、「丁稚《でっち》」―「手代《てだい》」（十八、九歳以上の使用人・商いのうえで失敗しても、叱られはするが弁償責任はない）―「番頭」（今ならスタッフ長、課長）―「支配人」（今日でいう部長、局長）―「別家《べっけ》」（通いの奉公人で、財産と暖簾《のれん》をわけてもらえる・今日なら執行役員、子会社の社長）―「親類並《しんるいなみ》」（客分扱い、今日なら系列会社の社長）と昇進する、通常の商家出世システムの埒外《らちがい》にあった。

「丁稚」は〝譜代子畜《ふだいこちく》〟などとも呼ばれたが、身元はたいがい「別家」の子弟縁者であり、彼らが育つにつれて互いに切磋琢磨《せっさたくま》し、上を目指して競争したのに比べ、「中年」は「手代」「番頭」にはなれたが、決してその上の「支配人」には成れなかった。〝子畜《こちく》〟からの叩きあげが本流であった商家で、「中年」は途中から入ってきた傍系の者として扱われるのが常であった。それを知らぬ、勘平ではなかったはずだ。なにしろ彼は一度、「丁稚」のコースに乗っていたのだから（途中で脱落したが）。

それでいて勘平は十五年間、中年の番頭として黒柳家へ起臥《きが》しつづけた。ゆくゆく「支配人」――「別家」になれないことを知っていながら。否、それどころか勘平は、商人として生涯を、算盤片手に生き抜く覚悟も、どうやら再入店以来、もち合わせていなかったように思われる。なぜ、そういえるのか。現代の契約社員、アルバイトの多くがそうであるように、勘平＝梅岩自身が、自らを傍観者の立場に置いていたからだ。江戸時代の商家では、随分と奇妙な存在であったろう。

ゆううつ病、ノイローゼとなる梅岩

彼の『石田先生語録』――その倹約を説いたくだりに、次のような独白があった。

又我《またわ》れ幼年の時分より生《うま》れついて理屈者にて、友達にもきらはれ只《ただただ》いぢの悪いこと多く、十四五歳の頃ふと心付有《こころづきあり》て、是《これ》を哀《かな》しく思ふより、三十歳のころは有増《あらまし》になをりたりと思へども、言葉の端に見侍《あらはれはんべり》しが、是れも四十年《よそじ》のころには梅の黒焼き（梅の実を燻製《くんせい》にして酸味をとったもの）で少し酢《す》めが有るやろうに（辛辣さの少なくなったように）覚え侍《はん》べり。今に至《いたり》てはいぢの悪いことは有増無《あるまじ》きやうに思へり。今日我も交《まじ》はらる、旁《かたがた》（人々）の心を害《そこな》ひ費やさずして少しは養ひ共なれば、自身のくせをなをすも一つの倹約とも云《いふ》べし乎《か》。

（日本思想大系42『石門心学』・ただし原文のカタカナをひらがなに直す）

孔子の『論語』にある、「吾れ十有《ゆう》五にして学に志《こころざ》す。三十にして立つ。四十にして惑《まど》わず。五十にして天命を知る。六十にして耳順《みみした》がう。七十にして心の欲する所に従って、矩《のり》を踰《こ》えず」を意識した文章なのだろうが、梅岩は性来の理屈者で、今でいう周囲の空気が読めず、それでいてそんな嫌われ者の自分を、内心では悲しく、なさけなく思う少年であった。今なら、発達障害と診断されていた可能性も高い。

加えて、商人の道を志してもつづかず、農業をやっても生涯やり抜く気力がわかない。かといって、何をやりたいという積極的な夢や希望もないまま、二十三歳で再び商家勤めへ出た。

このおりも、どうやら本心は神道——おそらくは、街道をゆくお伊勢さんの御師《おし》（社寺に属して参詣者を導き、祈禱・宿泊などを案内する者）の姿に憧憬を感じた程度のもので、昨今の若者が、より自由にみえる芸能界やフリーランスの仕事にあこがれを持つのに似ていたように思う。

年功序列の出世コースをあきらめていた梅岩に、時代も幸いしなかった。

すでにふれたように、元禄バブル期に出店した商店の支店は、次々と閉店となり、急成長をのぞめるような時勢ではなくなっていた。商人は給与がなかなかあがらず、昇進もおぼつかない。きわめて、閉塞感のある毎日に身を置いていた。普通なら爛熟《らんじゅく》した娯楽や遊興＝〝元禄文化〟に身をやつして、うさばらしをパッとしたいところだが、梅岩はなまじ生まじめに見える性格が災いして、どうにもそれができない。

となると、彼の身の上は現代人と同じ躁鬱《そううつ》、ノイローゼの状態に陥ってしまう。二十七歳のときであろうか。日夜薬を飲み、安静につとめたが体調、心ともによくならない。仕事も納得できる成果を出すことができず、ますます梅岩は落ち込んだ。

これではいけない、と商店の主人のその老母、番頭が心配して、気分転換の遊里遊びをすすめた。悪所通《あくしょがよ》い、である。一時、梅岩はいわれるままに、遊興にふけったようだ。

遊興からの復帰

だが、よくよく考えてみれば、その遊興費はお店《たな》が出してくれているわけで、遊興が楽しくなれば、それはもはや治療とはいえないのではないか。否、主人の金を盗んでいるのと同じではないか、と理屈っぽく梅岩は考えるようになった。

それが高じたのだろう、唐突に自らを不愉快に感じ、自分の身の周りの物をすべて売り払って、遊興費をお店に返したという。

このあたりが、梅岩らしい。善し悪しではなく、彼は徹底していた。

「三十歳のころは有増《あらまし》になを（治）りたり」――躁鬱、ノイローゼから立ち直った梅岩であったが、商いに復帰すればしたで、彼を悩ます日々の難問が待ちかまえていた。

それこそが前述の商人性悪説であり、商人無用論であった。

のちに梅岩は、石門心学のバイブルともいうべき、『都鄙問答《とひもんどう》』という代表作を著すが、この書物はそもそも彼自身が発した疑問を、自らが徹底的に考えた結論を述べたもの、とみることができた。

たとえば、次のようなものである（以下、筆者が現代語に訳す）。

お尋《たず》ねしたい。だいたい商人は貪欲《どんよく》な者が多く、いつも利益をむさぼることを自分の生業としている。そうした人々に、無欲であれと教えることは、猫に鰹節《かつおぶし》の番をさせるとおなじことではないか。彼らに無欲を説く学問を奨めることは、それ自体が矛盾しており、無理というものであろう。その無理を承知で、説教しようというお前は、人々を惑わす、まことにけしからん者である。

貪欲な商人に、無欲であれというのは、猫に鰹節の番をさせるようなものだ、お前のいっていることは人々を惑《まど》わすだけで、意味がない、との問いに、梅岩は次のように答えている。

そうではありません。商人で道を知らない人こそが、貪《むさぼ》ることにのみ懸命で、結局は家を潰《つぶ》してしまうのです。道を学んで商人の心を知れば、しぜんに貪欲の心が離れてゆき、「仁」の心で仕事にはげむようになり、そうなれば家業は道に即《そく》して栄えるものです。これこそが、学問の成果といえるでしょう。

「仁」とは、いつくしみであり、なさけであり、あわれむ心のこと。最高最大の道徳といってよい。それゆえ、「仁」の心を持つ人を徳の高い人、有徳の人という。儒教（儒学）の目標こそが、この「仁」であった。鈴木正三のいう、「商売即仏行なり」である。

昨今の企業倫理を忘却して、会社と世間に多大な迷惑をかけた、経営者、社員に、ぜひご一読いただきたいものである。

「断章取義」で、人生を考える

しかし、『都鄙問答』の質問者は納得しない。商人に「仁」があるわけがない。利益を追求するのが商人であり、学問によって「仁」を学んだとしても、それは「詐《いつわ》り」というものではないか、と切り返した。

それでは尋ねるが、商品を売る際に、利益を考えないで、仕入価格のままで販売することを教えるのか（そんなことはないだろう）。学問を修める者が、外に向かっては利益をとらないこと（仁）を学び、実はこっそりと利益を得るというのでは、真実の教えとはいえず、間違ったことを教えているというものだ。本来、できもしないことを強《し》いるのだから、議論のつじつまが合わないことになる。だいたい商人に営利心がないわけがなく、このようなことは今までに聞いたことがない。

「仁」などと、片腹痛い。問いかけは一読すると、なるほどと思う一理を含んでいた。

さて、梅岩の返答は――。

「いえいえ、詐りではありません」

ここに、主君に仕《つか》えている武士がいるとします、この場合、その人は俸給《ほうきゅう》を受けないで、仕えるということがありましょうか。給与は武士も商人も変わらない、と梅岩はいい、彼はここで、「売利《ばいり》を得るは商人《あきないびと》の道なり」と述べる。

取り引きの利益（売利）を得ることは商人の道です。仕入れた価格で、そのまま売ることを道とは聞いたことがありません。売買の際の利益が「欲」であり、「道」ではないというのならば、孔子はどうして子貢《しこう》（ビジネスに長《た》けた高弟）を弟子になされたのでしょうか。子貢は、孔子の説く道をもって、彼の事業＝商いに活用したのです。子貢も売買の利益がなければ、あのように裕福になることはできなかった筈《はず》です（それは同時に、孔子を援助することもできなかったでしょう）。商人の利潤は、武士における俸給と同じものです。商人が利潤を求めないことは、武士が俸給なしで奉公するようなものであり、それこそ理屈にあわないことなのです。

梅岩は、自ら語っているが、晩学《ばんがく》の人であった。商人性悪説、商人無用論が声高に語られる時代、閉塞感に押し潰されそうになりながら躁鬱《そううつ》・ノイローゼをどうにか克服した彼は、ようやく生きる意義、踏み込んでの心豊かに生きる方法について考える

徳川吉宗

ようになった。

だからといって、梅岩が正規の学問を修めたかといえば、そうではなかった。第一、そのような時間はなかったろう。ただ、彼は多忙な日常に身を置きながら、懸命に仮名草子《かなぞうし》などを読んだ形跡はあった。現在なら新聞に目を通し、週刊誌や月刊誌、ハウツー本に入門書の類《たぐい》を、広く読んでいた、と理解すればよい。

『孝経《こうきょう》』（編者未詳・儒教十三経の一・中国の戦国時代頃に成立、孔子とその弟子・曾子《そうし》の問答の形をとる）の言葉を借りれば、「断章取義《だんしょうしゅぎ》」をしていたわけだ。他人の文章・詩句《しく》の一部をかってに切り放し、その意味を自分本位に解釈して用いる手法である。スマホで情報収集し、自己流に解釈する、今の若者と何らかわるところはなかった。

――問題は、梅岩が寸刻を惜しんで読んだ書物が、何を「断章」したかであった。

成長神話が完全に過去のものとなった、八代将軍吉宗の時代――この将軍は「享保の改革」を指揮しつつ、デフレをインフレに向けようとしたが、うまくいかない。

そこで吉宗は、改めて家康の理想とした時代＝自給自足の世の中に戻そうと躍起となった。質素倹約を徹底し、奢侈《しゃし》は厳禁。武芸奨励が幕府の政策として掲げられ、農本主義的経済の復興が声高《こわだか》に叫ばれた。

実は、梅岩が執拗に求めた真の生き方は、見方を変えれば将軍吉宗への反論でもあったのである。

――ここで思い起こされるのが、歴史の偶発性であった。

B・フランクリンの経営倫理

石田梅岩の「心学」の中心、『都鄙問答』に遅れること四十年、建国前のアメリカに、ベンジャミン・フランクリン（一七〇六〜九〇）が現われたことは、一面、梅岩の凄味を立証することができた。

独立宣言の起草委員の一人で、憲法制定会議にも参与した人物であるフランクリンには、『貧しいリチャードの暦《こよみ》』という著書があった。

〝富にいたる途《みち》〟を説いて、ビジネスマンの目を開かせ、経営倫理《ビジネスエスィックス》を確立した、といわれる名著である（『フランクリン自伝』所収・岩波文庫）。

ここでいうビジネスマンとは、私的企業・会社の経営者や自営業の人、サラリーマンを含め、経済・経営活動にたずさわる、責任あるすべての人々の総称である。

多くの日本人は、フランクリンといえば凧《たこ》を使って電気の実験をした人、ぐらいしか知らないが、彼は科学的な思考と合理主義、モラルをもって、印刷や新聞の事業を自ら起こして成功した、実業の人でもあった。後半生に政治家、外交官ともなっている。

『貧しいリチャードの暦』は、いまだイギリスの支配下にあったアメリカにおいて発行され、聖書につぐベストセラーとなった、との伝説をもつ著作である。

彼の本はその後も、ビジネスマン必読の書として、アメリカのみならずヨーロッパにも流布し、欧米先進国のビジネス・モデルをつくるにいたった。

われわれ日本人ですらよく耳にする、「時は金なり」、「富に至《いた》る途《みち》は徳に至る途」――これらはフランクリンの言葉である。彼はいう。

「人間の幸福というものは、時たま起《おこ》るすばらしい幸運よりも、日々起ってくる些細な便宜から生れるものである」

と。フランクリンはビジネスに求められる物質主義や快楽主義を否定し、禁欲的な生活態度や実用的な合理主義の精神――多くは、プロテスタント（ピューリタンに代表される新教徒）の職業倫理を導き出した。

「すべては、聖書のなかにある」

これが彼の主張であった。

正直・謙虚であること、勤勉・勤労であること、経済的＝社会的成功は、寸暇を惜しんで働くことにほかならず、この徳目をつむことが日常生活そのものなのだ、と彼は説いた。驚くほど内容は、梅岩の『都鄙問答』に酷似している。

ベンジャミン・フランクリン

徹底的に異なるのは、キリスト教の存在のあるなし。おそらく当時のアメリカにおいても、ビジネスマンは閉塞感に覆われる中で、信仰と現実の乖離《かいり》に心をいためていたのであろう。

では、フランクリン自身は、己れの人生をどのように結論付けていたのだろうか。

もしもお前の好きなようにしてよいと言われたならば、私はいままでの生涯を初めからそのまま繰返《くりかえ》すことに少しも異存はない。ただし、著述家が初版の間違いを再版で訂正するあの便宜だけは与えてほしいが。（同上）

それにしても、近代資本主義の精神を生み出したとさえいわれるフランクリンよりも、梅岩は四十年はやく、同様の悩みに結論を出していたのである。

自己のアイデンティティを探していた梅岩

――再び、『都鄙問答』に戻る。

この書は、都の人と田舎の人が対話する形がとられている。都＝学問のある、田舎＝無学というニュアンスを込めたものか、とも思われる。

形が対話形式になっているのは、梅岩が「心学」を説いたおり、見台《けんだい》（＝書見台）を前にして講釈したという、今風にいえば講演・講義スタイルをもちいたからであり、

『都鄙問答』はその質疑応答をまとめたようなイメージ、と受け取ればいいだろう。

論争を仕掛ける田舎者は、聖人・賢人をゆがめた、と上から目線で都の人を責める。「性」（天が人に授けたもの）を知るなどということは、遠い昔の聖人や賢人のいうことで、われわれのような後世の、凡庸《ぼんよう》な人間の論ずるべきことではない、という。

――これに梅岩が、己れの教談をもって答える。

聖人はいつも世を憂うるところがあり、誓って人々の僕《しもべ》になろうとし、道徳を教えるものです。道徳とはすなわち人間の道であり、親子の間の「親」、君臣の間の「義」、夫婦の間の「別」、長幼の間の「序《じょ》」、友人の間の「信《しん》」などです。この人間の五つの道を明らかにすることこそが、学問の成果である」ということができます。

まずは、学問のそもそもの目的、目指す成果が何か、を明らかにしたわけだ。

と同時に、学問をすれば昔の人の学問にたいする態度が理解できるようになります。『論語』の「学而篇《がくじ》」でも、「万事物事は根本について考え、努力することこそが大切である」とし、〈中略〉また孟子は、「学問の道といっても、格別なものはない。とらわれない心を求めるだけだ。この「心」を知り、聖人の行いを学び、道にかなった人生を歩めばよいのだ」と〈下略〉。

梅岩は「とらわれない心」――すでにみたセネカや吉田兼好のように、自己のアイデンティティを探していた、といえる。

その彼がやがて、学問をして世の博識になりたいという、「手代」「番頭」の傍輩《ほうばい》(同僚・なかま)に対して、私は古聖賢《こせいけん》(昔の聖人や賢人)のおこないを見聞し、「人の手本」となりたい、と主張するようになる。そしてついには、「聞く人がなければ、鈴を振り、町々を巡ってでも、人の人たる道を勧めたい」とまで、立願するようになった。

幕府が抱えた致命的欠陥

梅岩は明らかに、ある一定期間まで商家をつとめたら、やめて道（最初は神道、ついには「心学」）を説く人になりたい、と発願し、そのための準備を着々とおこなっていたようだ。

外へ商いに出るときも書物を懐中にし、少しでも時間があれば読書して、主家にあっても朝は傍輩の起き出さぬうちに、二階の窓に向かって書見し、夜は人々が寝静まったのち、書見をつづけたという。もっとも梅岩の偉かったのは、そのために主人の用事を少しでも闕《はぶ》いたことがなかった点であろう。仕事は一生懸命にやり、それをテコに空いているわずかな時間を刻むように、自分の好きなこと、「人の手本」となるための学問を模索《もさく》しつづけた。

おそらく、その奇妙な性格もあって周囲は、ときに梅岩に厳しくあたり、あるいは無視を決め込み、ときにいじわるをしたかもしれない。

――この間、時代は大きな転換期を迎えていた。

梅岩のうまれた貞享二年（一六八五）は、独裁者といってよい五代将軍・徳川綱吉の治世にあたった。〝元禄〟の幕明けをつげる、三年前である。

つまり、梅岩の生まれ育った時代は、そのまま〝元禄〟に重なっていたわけだ。すでにみたように、小判の増発は、流通経済を天下の隅々にまで行き届かせ、ウソのような好景気が、幕府によって演出された。世相はあたかも、一九八〇年代末の〝バブル景気〟を思わせる時代であった、といえようか。

そうした表面上、華やかな時代にあって、梅岩は丁稚奉公をしくじり、農業もつづかず、改めて郷里から京都に出た。彼はすでに二十三歳、将軍綱吉が六十四歳で没する二年前にあたった。

しかし彼は、自らの境遇に不平不満をいわず、享保十二年(一七二七)まで二十年間かけて「中年」の丁稚―手代―番頭と、一見順調にみえるコースを歩み、四十三歳で引退を選択する。

今風でいえば、六十代を前にしての、早期退職のようなもの。

この間、世の中は一大変貌を遂げていた。〝バブル〟がはじけ、一転して世間は大不景気となっている。当然のごとく人々の生活は、倹約一途となり、そのことがますます景気を悪化させ、停滞させることにつながった。このことも、すでにふれている。

幕府も諸藩も、質素倹約に走ったわけだが、さて、ここで大問題となったのが、勤労・勤勉に努力し、地味に暮らして倹約に努めるといった、封建制ならではのスローガンであった。大いなる矛盾が、表面化したのである。

考えてみれば、自明の理であろう。農民、職人、商人が各々、勤勉・勤労に家業を励めば、生産物は増え、供給は過多となる。が、幕府はその一方でまったく逆の、倹約をも強要していた。倹約に徹すれば、増大した商品は売れなくなり、そのため生産者の生活は苦しくなる。

梅岩が二度目の奉公へ出た時期は、まさに現代日本にも通じる、二律背反《にりつはいはん》の社会となっていたわけだ。解決策は通常、二つに一つであろう。

勤勉・勤労を捨てて、働くことをほどほどにして生産を減らす――そうすれば、供給は減る。それが嫌ならば逆に、需要を増やすべく、勤勉・勤労をしながら、贅沢《ぜいたく》を人々に推奨することが考えられた。

徳川綱吉

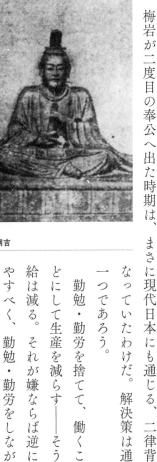

しかし幕府は、この「勤勉」（勤労）と「倹約」を二つながら、世の中から放棄することができない。なぜならば、もしそのようなことをすれば、封建制の美徳が否定されてしまい、その混乱は幕藩体制そのものを瓦解《がかい》しかねなかったからだ。「はじめに」で見た戦前、あるいは今日の方面性とは少し異なるが、実に難しい二者択一の問題であった。

この大いなる矛盾を解く方法論を、自ら創見した「心学」に求め、世に広めようとしたのが梅岩であった。

〝病める魂〟を抱えながら踊る日本人

これからその「心学」の創意、心豊かに生きるための具体的な取得方法をみていくのだが、その前に、時代の転換期において、常に現われる〝人間〟そのものについて、もう少しだけ、考察しておきたい。

おそらく二十一世紀の昨今も、何ら変わることはないに違いない。

梅岩の「心学」は、大変革期が生み出した思想といえた。だからこそ今でも使える、といいたいのだが、それは梅岩自身の社会的な環境が雄弁に語っていた。

彼が二度目の丁稚奉公に出たのは、すでにみたように元禄十六年をすぎて四年目（一七〇七年）であり、戦国が終止符を打った〝元和偃武《げんなえんぶ》〟より、数えて九十二年目にあたった。先に見た鈴木正三の時代＝戦国乱世から無事泰平の世への混乱は終息し、天下泰平は最高頂に達していた。

だが、世相は商人の武家を越える下剋上で、封建制度の均衡はこの頃、すでに破れる寸前にきていた。この時期を、「武家文化と町人文化との触発して盛上《もりあが》った山形のその頂点」と称したのは、勝部眞長《かつべみたけ》であった（『石門心学史論』・講座『心学』第七冊）。

なにしろ武家文化は、戦国時代を越えて中世なかばにまで伝統の幅を持っており、他方の町人文化には、「見《み》はるかす前方の行手に」、まったく「新しい色彩豊かな」奔流が待っていた（同上）。

この二つの力が横綱相撲よろしく、ガップリ四つに組んで動かず、釣合って平静不動にみえながら、内実は深刻な緊張感をひきつらせていた——そうした時代の相貌は、梅岩のような、いささか過敏な〝時代の子〟に、どのような影響を与えたであろうか。

おそらく二十代の彼は、自己の内面＝生命《いのち》の奥底からゆり動かされる、不安、焦燥、絶望といった意識＝〝病める魂〟をかかえることになったのではあるまいか。

平安時代から鎌倉時代、南北朝にかけては、「隠者」が山野に隠れ住み、宗教界には最澄と空海の跡を追うように、法然《ほうねん》、栄西《えいさい》、親鸞、道元、日蓮などが出現したのも、筆者は同じ根元、〝病める魂〟あるがゆえに、と考えてきた。

蛇足ながら、筆者は昨年＝平成二十七年（二〇一五）、日本で急に、ハロウィンが仰々しくなったのはなぜか、という夕刊紙の問いかけに、インタビューで答えたことがある。歴史学的にいえば、時代に対する不安、焦燥、絶望——それこそ梅岩と同じような切迫した思いを抱いた日本の若者たちが、ことのほか多く出現したからではないか、と。

過去にも転換期の「まさか」に遭遇した時、日本人は〝踊り〟に走っていた。梅岩の頃の御蔭《おかげ》参りに端を発する御蔭踊り、大阪冬・夏の陣の頃の伊勢踊り（掛踊《かけおど》り）、幕末の「ええじゃないか」も同断。昭和初期の社交ダンス、戦後も高度経済成長期前後、バブルの崩壊直前にも、日本人は形を変えては踊りさわいでいた。

「踊るアホゥに見るアホゥ、同じアホゥなら踊らにゃそんそん」

阿波踊りよろしく、日本人は汗をかいて踊りあかし、その疲れと満足感の中で、沸き上がる種々の思いをなだめ、押え込もうとする。これは民族性でもあろう。

ほんの少しの勇気――漱石の『草枕』

しかしながら、不安と危機は本来、別ものである。

不安は心の持ちようだが、危機はいかに気持ちをふっ切っても、「まさか」はかならず目前にやって来る。不安をなだめていても、転換期を真に乗り切ることはできない。踊って汗をかき、一時の爽快感に満足しても、危機は訪れる。踊っている場合では、そもそもないのだが……。

まずは、乗り切る決意を自ら示すことが、何よりも大切なのだが、これがなかなか難しい。とりわけ、二十一世紀の現代を生きているわれわれ日本人は、がんじがらめの日常生活の中を生きている。

おいそれとは、この日々の呪縛からは抜け出せない。まして、心豊かに生きるための方法論など、みつけることは難しい、と多くの人々は諦《あきら》めているに違いない。

文豪・夏目漱石は、名作『草枕』の冒頭で主人公の画家にいわせている。

山路《やまみち》を登りながら、こう考えた。智に働けば角《かど》が立つ。情に棹《さお》させば流される。意地を通せば窮屈だ。兎角《とかく》に人の世は住みにくい。住みにくさが高《こう》じると、安い所へ引き越したくなる。

ちなみに、主人公の画家は、三十歳にして世間のしがらみに嫌気がさし、酒をこよなく愛し、自然を楽しみ、常に無絃《むげん》の素琴一張《そきんひとはり》をもって、朋友と会飲《かいいん》した中国の陶淵《とうえん》明《めい》に憧れて、〝自然〟で〝非人情〟の世界に遊ぼうとするが、結局は現実から逃れられないことを痛感する。

「それはそうだろう、陶淵明にはなれないさ」

筆者は『草枕』を読んだ時、主人公の画家に同情しつつ思ったものだ。

かつての中国大陸に、晋《しん》（西晋）という国があった。序章でみた蘇軾《そしょく》（東坡《とうば》）の北宋とも似ていた。

北方の異民族に圧迫され、逃れるように都を建康《けんこう》に移した。現在の南京《なんきん》である。西暦三一七年に〝東晋《とうしん》〟となったこの国のみならず、南北対立時代の中国、漢民族は悲惨であった。

北方中原の土地をことごとく異民族に奪われ、ようやく揚子江《ようすこう》（長江《ちょうこう》）流域に逼塞《ひっそく》することで生きのびたかと思えば、王朝はめまぐるしく交代し、いずれも安定はなく、現実の厳しさから人々の心はすさんだ。

ところが面白いもので、こうした逆境＝〝病める魂〟を抱える中にあって、少数の漢民族はむしろ、今までにはなかった精神的領域に、踏み出すことに成功している。

一言でいえば、〝自然〟の境地というか、あるがままの美的に洗練された感覚の世界――。

陶淵明

この精神的な新世界の頂点に立った代表的詩人こそが、『草枕』の主人公が憧れた陶淵明であった。もっとも、現実の淵明は人生の挫折者といってよい。幾度か仕官をこころざしながら、失望しつつ、四十歳以降の生涯を一農夫としてすごした。

『草枕』の主人公が憧憬したのは、実はこ

の農夫時代の陶淵明であった。

彼には「飲酒」と題された、二十首の詩がある。淵明の故郷は柴桑《さいそう》（現・江西省九江市）といって、揚子江中流の南側――名山廬山《ろざん》の西南方に位置する、一村里にあった。彼はうたう。

廬《いおり》を結んで人境にあり　しかも車馬の喧《かまびす》しきなし
君に問う何ぞ能《よ》くしかると　心遠くして地おのずから偏《へん》なればなり
菊を採る東籬《とうり》の下　悠然として南山を見る

その廬は、人里から遠く離れた場所にはない。それでいて平穏な生活をかきみだす車馬のうるささが聞こえない。なぜかといえば、私の心が人間世界から遠く離れているからだ。そこで自分は菊を東の籬《まがき》（ませがき）に採り、悠然たる南山の姿を見て楽しむのだ。

「桃源境」(理想郷)の現実と「則天去私」

さらに、詩はつづく。

山気日夕佳《にっせきか》なり　飛鳥あいともに還《かえ》る
此の中に真意あり　弁《べん》ぜんと欲して已《すで》に言《げん》を忘る

何の変哲もない、どこにでも咲いている菊を愛し、南山をおもい、飛鳥をいとしく思う。そうした生活こそ、現実――権力と野心と欲望がうずまく――世界にわずらわされぬ尊いものであり、陶淵明はそれを守り通そうとしていたようだ。

なるほど、「桃源境《とうげんきょう》」＝仙境、理想郷の語源となった『桃花源記《とうかげんき》』の著者の陶淵明らしい。田園詩人、自然詩人といわれるのも、もっともなことだ。

だが、『草枕』の主人公は、彼の境地には到れなかった。当然であろう。菊をとって楽しむというその生活は、悠々と余生を楽しむというような呑気なものではなく、常に飢えや寒さ、病気などのために行き倒れる〝死〟と隣りあわせたものであった。

現実の淵明は、その日の食にも事欠くことが珍しくない、極貧孤独の中にいた。着ているものもつぎはぎだらけで、決して人前に出られるようなものではなく、家とて小屋といえるかどうか。風雨をふせぐに足るものですら、なかったようだ。彼は自伝「五柳先生伝」で告白している。

先の「飲酒」の詩も、序で淵明は独白していた。長すぎる夜に楽しみは何もなく、一人でいると淋しくてたまらない。それをまぎらわすために酒をのみ、詩を作ったのだ、と。ちなみに、彼の飲む酒はまともなものではなく、自家製の濁酒であった。さほど、うまいものではなかったろう。

それでいて淵明は、貧しさ、淋しさを受け止め、自分のまわりにある手近な菊や鳥、山、百姓する自分を慈《いつく》しみ、大切に思いつつ、その生活を守り通そうと決意する。なぜか、この生活こそが、自分にとっては本当にしたかった正しい生活であったからだ。それは同時に、自分の力でできる、精一杯の環境でもあった。彼は決して、現実を超越した世界「桃源境」に棲《す》んでいたのではなかったのである。

そういえば『草枕』の作者・夏目漱石は、最晩年になってしきりと、「則天去私《そくてんきょし》」を論じようとした。彼の最終的に到達した境地、といってよい。

漱石は、大正五年（一九一六）に刊行された『文章日記』という本の、一月の扉を飾るために、と出版社から注文を受けて、この四文字を「座右銘」として筆硯《ひっけん》している。「天に則《のっと》り私《わたくし》を去ると訓む。天は自然である。自然に従うて、私《わたくし》、即ち小主観小技巧《しょうしゅかんしょうぎこう》を去れといふ意で、文章はあくまで自然《しぜん》なれ、天真流露《てんしんりゅうろ》（自然のままに、隠すところなく現れる）なれ、といふ意である」

と、解説が添えられてあった。

「文章」は、人生そのものにも通じている。〝自然に従って生きるべし〟、〝あるがままに生きよ〟という意味になろうか。漱石自身も、陶淵明のような正直な生き方を理想としていたのだろうか。

漱石は、『明暗』を「則天去私」の姿勢で書いた、とも語っていた。

この『明暗』という作品は、従来の小説と大いに異なり、善人や悪人を設定していなかった。あるがままの人間が登場し、そのいずれをも作者は公平に扱い、描いた。作者の我執が作品に反映されていない、という点において、究極のリアリズムドラマだという人もいる。

――Let it be ＝「則天去私」である。

第二章

生きる目的と生業《なりわい》

生計を立てるための人生は過《あやま》ち

ここまで読み進められて、閉塞感に満ちた現実を変え、心豊かに生きたい、人生を再生したい、と切実に思われた方は、この章を飛ばして第三章に進んでいただいてもよい。「心学」の、具体的な取得の方法を述べている。

一方でいまだ、踏み切れない読者は、引きつづき歴史の住人の、人生＝叱咤《しった》激励を追体験していただければと思う。

筆者が推薦したいのは、日本人にはさほどなじみのない人物だが、現代においてもアメリカを代表する作家であり、自然主義者であることのみならず、奴隷解放主義者としても著名なヘンリー・デイヴィッド・ソロー（一八一七～六二）である。

ソローは前章の陶淵明と同様、「意地を通せば窮屈」な現実の生活の中で、妥協の産物であるはずの日常生活を、可能なかぎり拒絶し、四十五年に満たないその生涯を、みずからの意志で思いのままに生きた人物であった。

前章のベンジャミン・フランクリンより、百余年のちの人となる。

ソロー本人が、「強烈な薬を一服盛って進ぜよう」というぐらい、彼の言葉は辛辣であり、一服盛られて（一読して）、卒倒する人が出るかもしれない。気の弱い方、自らの生き方にすでに絶望し切っている人は、これから述べるソローのくだりを飛ばして、先へすすまれるのが無難かもしれない。

――とにかく、ソローの言は凄まじい。

「ひとが人間以下に身を落とすことに対して、賃金が支払われるからである。〈中略〉生計を立てるために人生の大半を費やす人間ほど、取り返しのつかない失敗を犯している人間はいない」（飯田実訳「原則のない生活」・岩波文庫『市民の反抗 他五篇』に収録）。

ソローは、遠い昔の人ではない。日本でいえば、江戸幕府十一代将軍・徳川家斉《いえなり》の時世に生まれていた。ソローの生まれた一八一七年は、日本の文化十四年に相当し、蘭学者の杉田玄白《げんぱく》が八十五歳で没した年であり、日本地図の完成に闘志を燃やした伊《い》能忠敬《のうただたか》が七十四歳で亡くなったのは、この翌年であった。

ちなみに、石田梅岩の「心学」が〝石門心学〟と呼ばれ、全国的に布教していた頃にあたる。

アメリカでは、のちに欧米相互の不干渉を提唱する「モンロー主義」で知られた、ジェームズ・モンローが五代大統領に就任していた。いまだ合衆国が、二十州からなっていた時代である（現在は五十州）。

ソローはマサチューセッツ州コンコード——ボストンの西北約三十キロ、人口二千程度の村に生まれ、彼はこの地を長期、離れたことがなかったという。

ボストンではこの頃、イギリスに発生した産業革命がアメリカに上陸、その圧倒的な威力に巻き込まれ、急激な近代化の波が押し寄せていた。が、コンコードは自然にめぐまれ、丘陵・湖・河川・森・牧草地にはたくさんの動物が生息していたようだ。

おそらく、陶淵明の「桃源境」にも相当する、のどかなすばらしい土地であったのだろう。加えてこの地は、アメリカにとって聖地のような特別な場所であった。一七七五年四月十九日、ここコンコードの北橋《ノースブリッジ》でイギリス正規軍と地元民兵が激突、これによってアメリカ独立戦争の火ぶたが切られた。

さらには、この地にはなぜか、吸い寄せられるように、超越主義運動《トランセンデンタリズム》（アメリカの思想家、宗教家たちによるロマン主義運動）の中心人物ラルフ・ウォルドー・エマソンやナサニエル・ホーソーンなど、思想家・文学者が居住、あるいは頻繁に往来していた。

「私は自分が世界でもっとも価値のある場所に、しかもまたとない時を選んで生まれたことを思うと、いつもおどろきの念に打たれざるを得ない」（ソロー著・飯田実訳・

『森の生活《ウォールデン》』下巻）。

ソローの青春時代

ソローの家族は一度、コンコードで食料品店を開いたが、経営がうまくいかず、ボストンに移住している。多くの人々が好むと好まざるとにかかわらず、巨大な産業革命のうねりにのみ込まれるボストン——ソローは四歳のおり、祖母を訪ねてコンコードを訪れ、ウォールデン湖に感動する。彼の原風景といってよい。六歳の時に再び、一家はコンコードに帰郷。ソローは、自然への深い愛情と関心をもちつつ成長した。

彼の父ジョン・ソローはもの静かで篤実な人であったようだ。コンコードに戻って鉛筆製造業をはじめ、これを軌道にのせている。ジョンには十人の子があったようだが、ソローは三男とあり、兄弟の数人は幼

ソロー

時に亡くなったという。

読書を好み、音楽を愛し、人好きのする小柄なジョンに対して、妻のシンシアは長身の美人で、一方、饒舌《じょうぜつ》で活動的な女性であった。コンコードの慈善協会や反奴隷制協会のメンバーとして活躍しており、ソローはこの母の社会的関心の高さに影響された部分が大きい。

一八三三年、十六歳で奨学金を得たソローは、郷里から二十キロ余のハーヴァード大学に入学。二十歳で、上位の成績を残して卒業している。

大学ではギリシア・ラテン文学を身につけ、カント哲学を学び、E・T・チャニング教授からは修辞学を修め、〝人間も自然の一部である〟とする汎神論《はんしん》的神秘主義の立場（実在を認識するにあたり、客観的経験より詩的直観的洞察力を重視する態度）をとっていた。

大学卒業後、彼は故郷の小学校教師の職を得ている。教師から詩人・作家になる、というのが当時の、人生進路の定番の一つであったから、はたからみれば、ソローはその路線に乗り得た、果報者とみえたに違いない。ところが彼は、

「パンを手に入れる過程で無垢の魂を失うくらいなら、即座に餓死するほうがましである」（前掲の飯田実訳『市民の反抗　他五篇』）。

と、わずか二、三週間で小学校を辞めてしまう。堪《こら》え性《しょう》がなかったのか、といえばそうではなかった。

当時、アメリカの小学校では、先生のいうことをきかない児童に対して、ムチを振るう体罰が、あたり前の教育方針としておこなわれていた。ソローはその強要を命じた教育委員会に対して、非を鳴らし、真っ向から対立したのである。

だが、人工国家であるアメリカは、この青年教師の言に耳をかさなかった。自らの意志で教育を考えることを、国家はしなかったのである。ヨーロッパの古き良き伝統ということで、イギリスのやり方を無条件で受け入れ、ついにはソローの訴えを退けた。奴隷解放主義者でもある彼が、体罰を容認する教育に我慢できなかったのは無理もない。

まさに、『草枕』の「智に働けば角が立つ。情に棹させば流される。意地を通せば窮屈だ」の現実世界であった。では、この「兎角に人の世は住みにくい」その「住みにくさが高じ」た時、人はどう生きるべきなのか。

世の中のほとんどの人々は、それでも人の世に生きていくことを考える。妥協――あるいはあきらめ、達観して人生の流れに身をまかせるものだ。

意地を通した生活

ところが、陶淵明もソローも、「パンを得る」日々の生活をあっさりと捨ててしまった。ソローは小学校教師をやめて、私塾を兄の一人とはじめるが、その兄が健康を害して、私塾は二年半で閉校となった。ソローのために、あえて彼の教師としての才覚を弁明すれば、このわずかな開校中に、のちに『若草物語』を書くことになるルイザ・メイ・オルコットがここに学んでいた。

ソローの私塾はむろん体罰などなく、つとめて戸外での授業や観察をおこない、知識を日常生活に結びつけることに力点がおかれていたという。

この頃、エレン・シューアルという十七歳の牧師の娘と知り合ったソローは、彼女に求婚したものの、超越主義者とは考え方の異なる父親の反対にあい、ついに結婚は実現しなかった。そのためかどうか、彼はその後、生涯を独身で通している。

エマソンと出会うべくして出会ったソローは、超越主義者グループの機関誌『ダイアル』の編集にたずさわり、同誌に詩や文章、翻訳を発表する。

一方で、コンコードの市民教養講座《ライシーアム》で度々、講演をおこなった。

一八四四年の秋、エマソンがウォールデン湖周辺の森を、環境破壊から守ろうとして、その北岸の土地を購入したおり、ソローはここに小屋を建て、簡素な独居生活を開始する。その日は一八四五年七月四日、アメリカ独立記念日であった。

以来、二年二ヵ月と二日間にわたって、ウォールデンの森での彼の生活がつづけられた。この間、奴隷制度を支持し、メキシコ戦争を推進したアメリカ政府に抗議して、ソローは六年間にわたって人頭税の支払いを拒否し、そのために投獄される事件を引き起こしている。

彼はいう、国家とは元来、国民が平和に暮らすための単なる方便にすぎない、と。


アメリカ政府が卓越したものであることは、万人が認めざるを得ないであろう。ところがこの政府は、事業のじゃまにならないようにすばやく身をひいたとき以外は、率先してなにかの事業をおし進めたことなど、かつて一度もなかった。〈中略〉アメリカ人民に固有の性格が、これまでに達成されたあらゆる事業をなしとげたのであり、もし政府がときどき邪魔立てしなかったならば、それはさらに多くのことをなしとげていたであろう。

（同上）

個人の自由、良心を国家が左右しようとしたならば、市民は納税の拒否という、平和的手段によって、国家の不正に抗議する権利がある、とソローは主張した。

ソローの逮捕を知った親類縁者、友人たちは、さぞ驚いたであろう。

その一人、エマソンがその晩、刑務所に駆けつけた。

「ヘンリー、どうしてこんなところに入っているんだい？」

と問う彼に、ソローは鉄格子の中から答えた。

「ウォルドー、あなたこそどうして外にいるのですか？」

ソローの投獄は、この夜のうちに何者かが、ソロー本人にことわりなく、独断で税金を払ったため、翌日、ソローは釈放されてしまう。彼は出獄を拒んだが聞き入れてもらえず、心ならずも牢獄を追い出されたという。

人は何のために生きるのか

ソローは四十四歳の生涯を終えるまで、ついに定職というものをもたず、陶淵明がそうであったように、慢性的に金銭の苦労を背負い込んでいた。

これをいきすぎた蛮勇とみるか、うらやましいまでの潔さと捉《とら》えるか。

ただ、ここで興味深いのは、ソローも陶淵明と同様に（吉田兼好、夏目漱石もそうだが）、自らを人里はなれた孤独の地に、身を置いていなかった、という点だ。

ソローというと、『森の生活《ウォールデン》』が有名なため、彼は森の中に自給自足して住んでいたイメージが強いのだが、すでに述べたように、ウォールデン湖畔での生活は二十八歳から三十歳までにすぎなかった。彼の人生の大半は、陶淵明が村里にあったように、ソローも蒸気機関車の通る町のかたすみにくらしていた。

彼も生身《なまみ》である。生活の糧を得なければ、生きてはいけない。その行為を、人間の生きる本業とは別のものだと考えたソローは、家庭教師や絵の講師、測量技術者、大工、庭師、ペンキ屋、農業の補助、あるいは父の鉛筆製造業を手伝いながら、上質の鉛筆の芯（黒鉛）を開発したりもしている。彼は生活費を得るために、働いていたのだ。

今日でいう、フリーターと何らかわるところがない。石田梅岩のような契約社員を短期に、つぎつぎ職種を変えたもの、とも理解できた。いずれもがカネ＝生活の糧を得るだけの手段としての労働であり、見方をかえれば、わがままな生き方といえるかもしれない。

しかしソローは、今日の日本にいる多くのフリーターとも契約社員とも、明らかに異なっていた。彼はいう。

> 金をかせぐ手段は、ほとんど例外なく人間を堕落《だらく》させる。単なる金もうけのために仕事をしたとすれば、それはきわめて怠惰《たいだ》（なまけおこたる）な生活、いや、それ以下の生活を送ったことになるのだ。もし労働者が、雇い主から支払われる賃金以外になにも手に入れられないとすれば、彼は欺《あざむ》かれているか、自分自身を欺いているのである。
>
> （同上・カッコは筆者）

本来の仕事は、「金をかせぐ」＋αの、αが主だと、ソローはいうのだが、彼の言葉は、現代社会を生きているわれわれには、いささかわかりにくい。「金をかせぐ」

ということについて、彼は次のようにも語っていた。

働く者の目的は、生計を立てることや「よい仕事」にありつくことではなく、特定の仕事を立派にやりとげることでなくてはならない。〈中略〉自分の気に入った仕事に専念している人間などめったにいないのに、そんな彼らでも、たいていはわずかばかりの金や名声に目がくらんで現在の仕事（価値のある、やりがいのある仕事）を捨ててしまうのだから、あきれてものが言えない。（同上）

「特定の仕事を立派にやりとげる」――少し梅岩やフランクリンの発言と重なってきた。

世の中には、こうしたソローの貧しそうにみえる生活に、同情を寄せて、その生活の向上をはかるべく、仕事を世話してくれる人も少なくなかったのだが、ソローは自分の境遇を失業しているとは思っていなかった。無論、惨めだなどと、考えたこともなかったろう。

二種の人間の重要なちがい

有能で役に立つ人間は、社会が報酬を支払おうが支払うまいが、自分にできる仕事をちゃんとやってのけるものだ。無能な人間は、自分の無能さをいちばん高く買ってくれる者に自分を売りつけ、いつまでたっても官職（定職と考えればよい）につかせてもらえるものと期待している。彼らが期待を裏切られることはめったにないらしい。（同上）

ソローは自分の生き方が、「自由について、ひと並み以上に用心深いのであろう」と分析している。彼は生計をようやく維持し、ある程度は同じ時代を生きている人々の、役に立っている〝ささやかな労働〟を、自らの楽しみであって、必要に迫られておこなっているものではない、と断じた。

私の暮らしは、これまでのところ順調である。けれども、万一私の欲望が肥大化すれば、その欲望を満たすための労働は、単調で不愉快な骨折り仕事になってしまうであろう。また、自分の時間を午前も午後もそっくり社会に売り渡してしまったなら——たいていの人間はそうしているらしい——、私にとって人生は、きっと生きるに価しないものになってしまうだろう。（同上）

ここでソローのいう「欲望」は、紛れもなく物質的豊かさのことであった。彼は同時代の周国にいる人々に対して、明白にいう。「生計を立てるために人生の大半を費やす人間ほど、取り返しのつかない失敗を犯している人間はいない」と。しかもソローは、大金持ちの家に生まれ、働かなくとも遊んで暮らしていけたとしても、彼はそれでは生きているということにはならない、という。逆に「友人の施《ほどこ》しや政府の年金で養われること」も、「それでも生きつづけると仮定して」真に生きたことにはならない、というのだ。人間はあくまでも「魅力的ですばらしい生計の立て方」をするべきだ、と断ずる。

人生に対するひとびとの要求を比較してみると、二種類の人間のあいだに重要なちがいのあることがわかる。一方は、あたりはずれのない成功に満足するタイプで、銃身を水平に構えて標的を狙い、全部命中させることができる。ところがもう一方は、その人生がどれほど低く、不成功に終わろうと意に介さず、つねに水平よりも、わずかなりとも高いところを狙おうとするタイプである。私はぜひとも後者のようになりたい。（同上）

胸襟《きょうきん》を開いて、顔をあげ、胸をはれ、ということになろうか。

ソローも陶淵明同様に、堂々としていた。彼らは生きるために食しているのであって、食うために生きているのではなかった。

「私などは、ほんのひと汗かくだけで世界じゅうの富を思いのままに動かすことができるとしても、そのためにひと汗かくほどの犠牲を払う気にはとうていなれない」（同上）。

前向きな生き方とうしろ向きな生き方

彼にかかれば、ゴールド・ラッシュで沸き立つ採掘場は、「間抜けが原《ジャッカス・フラット》」「阿呆の谷《シープ・ヘッド・ガリー》」「殺し屋の浅瀬《マーダラーズ・バー》」などと呼ばれることになる。「形式に安住し、お世辞を使い、外観のみを学ぶ」人々は、「とうてい守れそうもない礼儀作法や言葉づかいについては口やかましく言うくせに、野獣だって教えてくれる廉直誠実な精神や、石だって教えてくれる堅忍不抜の精神を、教訓としてたがいに教えあおうとはしないからである」（同上）。

人生を規定するのは、その人の性格や人生観による。もって生まれた性格は、生涯、変えようがない、とも。これを筆者は、「未発の発芽」と呼んでいる。

出だしを見れば、終わりの予測はつく、という歴史学の考え方である。ソローの生まれ育った環境を検証すれば、その晩年までもがおよそ推測できるものだ。

彼も生きるための労働は、決して拒否していない。ソローも陶淵明と同様に、現実とは妥協しているのだ。ただソローの凄味は、人生を生きる本業が糧《かて》を得る仕事とは別にある、との明解な区別を持っていた点であった。この点、吉田兼好と同じ思いで

石川啄木（右）

あったろう。

加えてソローには、矜持《プライド》があった。不屈の精神といってよい。そのためであろう、彼は仕事を通して自らを高める努力、人間完成への自己啓発や、世のため人のためとなる社会貢献のともなわない生活は、悪徳ですらある、といい切った。

われわれは各々の分《ぶん》に応じて、ソローの主張を理解できる。が、実践はどうか……。前へ踏み出す一歩よりも、現実にとらわれるうしろ足の方に、つい目がいってしまう人は少なくない。

後世に著名となった歌人・詩人の石川啄木《たくぼく》も、ソローと同様に存命中は無名であった。その彼が「悲しき玩具《がんぐ》」と詠んだ歌に、次のものがある。

こころよく我にはたらく仕事あれ
それを仕遂げて死なむと思ふ

自らにとって不本意な仕事を日々の生活のためにつづけ、貧乏と闘いながらも、啄木は詩人・小説家として名を残そうとした。彼はソローに比べると、とにかく暗い。志が、かよわい。心の持ちようが、啄木をうしろ向きにしたのではないか。

はたらけどはたらけど猶《なお》わが生活《くらし》
　楽にならざりぢつと手を見る

友がみなわれよりえらく見ゆる日よ
　花を買ひきて妻としたしむ

わがこころけふもひそかに泣かむとす
　友みな己《おの》が道をあゆめり

貧しさの中で、啄木はうしろ足＝暗さ、過去のみをうたい、前足＝現在・未来に対する積極さ、明るさを決して詠もうとはしなかった。

やむにやまれぬ思い

読者の中には、厳しく重い現実を前にして、その辛さ・切なさを超越して、日々の貧困を笑ってすごせる人間など、そうはいない、と思われる方がいるかもしれない。世間には、真価を認めてもらえない悩みというのもある。陶淵明やソローのような人間は、特別な存在であって、多くの名も無き大衆は、不平・不遇をかこちながら、日々の齷齪《あくせく》とした生活から抜け出せるわけがない、と。ところが、心豊かに生きるという行為は、有名・無名、認められるとか認められないとか、そうしたことには関係なく、あり得るものであった。

――その証左こそが、石田梅岩であったといえる。

おそらく彼は、これまでのソローの述べた言葉を聞いたならば、一々合点がいき、うなずきつつ身を乗り出し、涙を流して共鳴したに違いない。

読者諸氏にはぜひ、考えていただきたい。そも、石田梅岩とは何者なのか、を。

彼は封建制度の厳しい江戸時代、身分的差別の鉄則が頑《がん》として居座っていた社会において、士農工商の一番下、卑しいとされた〝商〟の中の、さらには一商家の一番頭〝勘平〟にすぎなかった。

その彼がある日突然、自分は今日から儒者となって、自らの考えを説くのだ、と宣言して、誰彼かまわずつかまえて、己れ勝手の講釈をするというのだ。世間がこれをたやすく受容し、〝梅岩〟と称する中年男の前に頭《こうべ》を垂れて、ご説拝聴となったであろうか。世の中、それほど甘いものではない。

なるほど、泰平の世における〝下剋上〟は、実力で商人を武士の上に位置づけた。内心、自身満々の富豪はいたであろう。しかし、勘平＝梅岩はそうした豪商ではなかった。表通りに店をかまえるほどの分限でもなく、単にやとわれ番頭にすぎない。では、その学問はどうか。勘平には、私は誰それの門人です、と人様に名乗れるほどの師がいたであろうか。いない。当然、学塾の学派、学問の派閥にも属していなかった。

説教をするといったところで、梅岩は正式の僧侶でも神職でもない。つまり、人様がありがたがってくれるような、身の上ではそもそもなかった。

現実の彼は富もなく、地位もなく、自ら告白しているように、学力にすら自信が持ち得なかった。その人を目前に、世間はどういう反応を示したであろうか。

おそらくは、梅岩を〝不自然〟な存在と認識し、狂人を疑い、それこそ異端視し、その不学を侮《あなど》って、罵詈讒謗《ばりざんぼう》（口をきわめて悪口をいう）をあびせたか、はたまた冷笑したか。あるいは、まったくの黙殺を決め込んだに違いなかった。

いずれにせよ、嘲罵《ちょうば》（あざけりののしる）の態度に出たであろう。世の中は、厳しいものだ。それが世間一般の、人情というものである。別に、あやしむほどのこともない。

筆者が述べたいのは、四十五歳にして「心学」を説くべく辻に立った梅岩は、圧倒的に不利な情況にあった、ということである。

幕末の思想家にして教育者の吉田松陰は、

かくすればかくなるものと知りながら
已《や》むに已まれぬ大和魂

と、自らが安政の大獄で処刑される五年前に述べていたが、梅岩の思いも陶淵明、ソローの心中も、おそらく同じであったかと思われる。

「諸業即修行」

おそらく、儒者と名乗り、講釈を始めた梅岩には、日々の衣食の心配や世間の毀誉《きよ》褒貶《ほうへん》は眼中になかったろう。

右の四人はこぞって、妻を娶って子をなし、家産を蓄えるという、世間一般の普通の人がおこなう営みをしていない。が、これも己れの望むことのために、潔く断念したと考えることができる。

飢死《うえじに》せぬという一線のみを気にかけ、無鉄砲にも万事を放擲《ほうてき》して唯《ただ》一筋に、自己の活路を求める、これこそが武術・武道にいう〝死中に活〟であった。

それにしても梅岩は、いかなる心の拠《よ》り所《どころ》――決して勝算ではない――をもって、かかる暴挙、愚挙とも見える日常の平穏な一線を、ついには踏みこえ、前に進むことができたのだろうか。

「われ辻立ちしてでも、この道を説かん」

と、彼は自ら街角に立って演説を始めた。雨の日も、風の日も、雪の日も——。その時の門口の掛け札には、「何月何日開講、席銭入《い》り申さず候。無縁にても、御望みの方々は遠慮なく御通り御聞きなさるべく候」とあった。タダで出入り自由——それでも聴衆はいっこうに増えない。数年たって、ようやく多い日なら五、六人、普段は二、三人程度となった。それでも、門人一人きりになる日も珍しくない。

「今宵《こよい》は外《ほか》に来る人がございませんようで、私一人のためにお話いただいては勿体《もったい》のうございます。お休み願いましょうか」

と門人がいうと、梅岩は、

「わたしはいつの講席でも、書物と差し向かいの心得でやっています。一人でも聞く人があるなら、満足してやらせていただきます」

と、門人を前に講釈をはじめたという。

同様に、近所に住む悪戯《いたずら》小僧が、梅岩をからかって、その玄関先から「ご免」と一声かける。梅岩が出てくると、ワーッと笑って逃げるのだが、このくり返しを梅岩自身は、決してやめなかった。

「ひょっとすると、本当の客かもしれない」

との心遣いだったという。

十五年間、梅岩の辻立ちの講演はつづいた。彼の講釈の内容は、正直・倹約・堪忍といった町人・商人の処世術を、時代に矛盾なく説くだけではなく、深く広く商人道を人間性の問題として捉えたところに、特徴があった。

梅岩はそれを布教することに、生命《いのち》を懸けていた。天地自然の万物を貫く道、人の〝自性の心〟を彼は説きたかったのだ。

結論から先にいえば、勤勉（勤労）と節約――この矛盾する二つを両立させる答えこそが、「諸業即修行」に集約されていた、と梅岩はいうのである。

つまり、勤勉に働くことは誰のためでもない、己れの人生修行なのだ、と梅岩は語った。農民の農業も、商人の商い、職人の物づくりも、その生業となるものに勤勉さは必要であり、懸命に実直に打ち込むことで、自らの人格が磨かれる、と彼は説示《せつじ》した。なるほど、この説義《せつぎ》（人のおこなうべき正しい道を説く）は、日本人の〝自然〟にかなっていたといえる。

「心学」のキー・ワードは「正直」にあり

したがって、そのおりおりの生産性が高かろうが低かろうが、心底では度外視すればいい、とも。まさに、発想の転換といってよかった。

性（天命）に率《したが》って、道を楽しむ喜びを、人々とわかちあいたい、

「倹約をいふは他の儀にあらず、生まれながらの正直にかへし度為《たいため》なり」

人生は束の間でありながら、まことに住みずらい。それこそ「智に働けば角が立つ。情に棹されれば流される。意地を通せば窮屈だ」。

梅岩はこの住みづらい人の世を、どうにか日々楽しく過ごせるためのキー・ワードとして、「正直」に注目した。

商人を目の仇にする武士、その支配機構である幕府に対しても、彼はずるい、と内心思いつづけていたようだ。少なくとも幕府は、商人に対して不誠実であった。

梅岩は儒教・儒学の徳目が五つ＝〝五常〟あることを知っていた（第一章参照）。と同時に、孔子から孟子に伝えられた時代までは、徳目が仁義礼智の〝四常〟しかなかったことも学んでいる。

すなわち、この〝四常〟は為政者のものであり、彼らはこの世の中を治めるには何が必要か、を考え、答えとして導き出したのが〝四常〟であった。一つ、欠けていた。

――それが、〝信〟である。

「商人にとって一番必要なものは、〝信〟だ」

と見極めた梅岩は、さすがであった。

「正直」であることの重要性に、儒学がようやく気づいたのは前漢の時代、すなわち流通経済が広がった時代であったろう。モラルがなければ、商いは成立しない。商売が〝信〟を生んだものともいえる。

したがって、〝五常〟の中で遅れてやってきた〝信〟だけが、たとえば江戸時代、支配される側の人々――農民や職人、商人の徳目として定着したといえる。

否、江戸時代の商品流通の拡大とともに、より興隆したというべきであろう。

だからこそ日本人は、キリスト教的誠実さを知らなくとも、「正直」を大切にできた、ともいえる。

また、日本人はいついかなるときも、「遊んでいてはもったいない」との意識が働いた。常に、体を動かしているのが日本人であった、ともいえる。この思いも、「正直」の延長線上のものといえる。

「粗雑な品を作ったら、恥だ」

日本の職人が、徹底して見えないところ、細部へのこだわりをもちつづけた丁寧な物づくりも、実はこの梅岩の説いた〃心学〃のキー・ワード「正直」の影響が大きかった、と筆者は見ている。

ところが、自らを磨き、自らを高めるための誠実さが、明治のスローガン「殖産興業」以来、とりわけ二十世紀に入り、いつの間にかすべてを人件費の中で考える、得か損かで判断するようになってしまった。

これでは世の中、住みにくくなるわけだ。

それでも、どうであろうか。日本の物づくりの世界には、料理なども含め、妥協を許さない、徹底して自分をいじめ、鍛え、突きつめる姿＝「正直」さが残っているようにも思えるのだが。芸事・スポーツの世界も、同様に——。

生命懸けで知ろうとした「見性」「心」「性」

ちなみに、梅岩自身は一度も、自らの説を「心学」と称したことはなかった。その講釈が大勢の弟子を通じて、石門心学と呼ばれるようになった過程で、石門心学＝「心学」という認識が確立されたのだろう。

もともと彼は、「道を求める人」であった。それがついには、「道を弘《ひろ》む人」となったのである。

「どうしてそんな転換が――」

と思われる方、あり得ない、信じられない、と疑う方は、ご自身にあまり「正直」ではないのかもしれない。

四十五歳まで妻も持たず、家も成さず、私利私欲を忘れて、気狂いしたように一つ事を探究する――そのようなことは、ごく普通の生活をしているものには考え及ばない。まして梅岩と同じような境遇の、契約社員やフリーター、アルバイトの世界に身を置く人々は、今日のこと、せいぜい明日のことしか頭がまわらないものだ。

しかし、それは自分自身にとって、正直な生き方といえるのであろうか。

梅岩をみてみたい。彼がそこまでして〝信〟を貫き、生命懸《いのちが》けで知ろうとしたもの＝「見性《けんしょう》」、「心」「性」「理」とは、いかなるものであったのだろうか。

また、求道者から弘道者に彼を百八十度転身させた、彼自身の源泉（エネルギー源）とは何であったのだろうか。おそらく、神仏や武術・武道の世界でいう〝悟り〟であったように思われる。

それは角度を変えれば、夏目漱石の到達した「則天去私《そくてんきょし》」の世界ともいえた。序章でみた蘇軾（東坡）の、「人生寄するがごとし、なんぞ楽しまざる」である。陶淵明もソローも吉田兼好も、ともに摑んだもの。

梅岩は異常なほどの情熱をもって、多くの書を読みふけったが、彼はそれらによって悟りを開いたわけではなかった。

梅岩が誠実に求めたのは、人生の答えであった。自己のアイデンティティとは何か。学問を広くあさく、読書という方法をつかって、彼は聖賢の言葉やおこないを知り、そこにあるべき本来の人間の姿を見い出す。それを想像して自分の手本として、自らをも人の手本となりたい、と懸命に考え、それがいつしか「心学」を世に広めることへと、梅岩の夢は膨らんでいった。

逆に、博学・博識を誇るだけの人を、彼は「文字芸者」と呼んで侮蔑する。

しかし考えてみれば、いかに乱読して諸々の知識を寄せ集め、吸収したとしても、それを具体的なイメージに創りあげていく作業を、一人でできるものであろうか。とくに思想に関しては系譜というものがあり、これを無関係に新しいものは出現しにくい。

換言すれば、学問の場合――武術などでもそうだが――悟りを開くには、師が必要ではないか、ということである。

梅岩が多くの思想をもつ人々――大半は町の儒者――を歴訪したことは間違い。「何方を師家とも定めず」で、一年あるいは半季（半年）ごとに、あちこちと生き方、生きるための学問の講釈を、聞いてまわったことは確かである。

しかし、それだけで独自のものが生まれるであろうか。

自分には師はいない、といっていた剣豪・宮本武蔵にも、父・無二斎から剣術の基礎を学んだ期間はあった。仏法にも禅門にも、華道や茶道にも〝師〟はかならず存在した。まして、家元制度が整備された江戸中期である。

では、梅岩の石門心学の思想的系譜は、前段階としてどのような人物につながっていたのだろうか。

師に学び、師を超える

具体的な人物名としては、『都鄙問答』や『石田先生事蹟』ほかに、梅岩三十五、六歳頃に出会った人物として、小栗了雲《おぐりりょううん》の名が知られている。

梅岩はこの人物を師として、はじめて雑学の寄せ集めから一段高い、一種の心的転回＝悟りのきっかけを得ることになる。

だが、きわめて困惑するのは、この了雲の正体が皆目、つかめないことであった。小栗了雲はもとは武士であり、禅学を修めた人物であるらしいことは察しがついたが、それ以上のことがしれなかった。

了雲は自らの講釈を、「心学」と名乗っていたかどうか。「心学」という言葉は本来、「心に省《かえり》みつつ身に践《ふ》みおこなう」という意味であり、江戸初期の学者・文人によって、すでに使われていた。知行合一の旨を立てた、王陽明の陽明学にも「心学」はあった。梅岩の生きた時代ですら、『心学五輪書《しんがくごりんしょ》』という通俗的な道徳書は存在している。梅岩の石門心学が隆盛を極め、「心学」の代名詞になったにすぎない。

本書ではすでに、鈴木正三《しょうさん》を紹介したが、梅岩の師・小栗了雲は直接に薫陶を受けた点で、梅岩の「心学」には重要であった。

「性《しょう》に目なし」（人間の本性には目がない）。

了雲にいわれて、卒然《そつぜん》と梅岩は悟ったという。

――言葉には、流行があった。

梅岩が了雲に出会った当時、『目なし草』という、仮名草子《かなぞうし》がすでに人々に読まれていた。内題を「水鏡目無草《みずかがみめなしぐさ》」といい、これは『一休水《みず》かがみ』の注釈であった。が、残念なことに、著者の名は不詳である。

ただ興味深いのは、この『目なし草』は、なぜか刊行のつづく中で、『二人びくに』という題に変わっていた。同じものかどうか、それ以前に『二人比丘尼《ふたりびくに》』という書物が、すでに世に広まっていた。こちらの著者が、すでに詳しくみた鈴木正三であった。

王陽明

梅岩の師・了雲は、享保十四年（一七二九）、六十歳（六十二歳とも）でこの世を去ったが、そのおりに彼が最も信頼し、後事を託そうとした門下が梅岩であった。

にもかかわらず梅岩は、その師が今際《いまわ》に、「自分の研究したすべてを、お前に与えよう」といってくれたのに、喜ぶどころか、「いらない」とつっぱねた。彼は了雲学派の、正統継承者となることを辞退したわけだ。訝《いぶか》る了雲に、梅岩はいう。

「われ事にあたらば新《あらた》に述《の》ぶるなり」

私は独立して自説を述べたい、といったことになる。それを聞いた了雲は、さぞや気を悪くしたか、と思えばたいそう喜んだ、と伝えられる。

一学派ではなく、まったく新しい学問を世に問おうと、すでに梅岩は、自らに誓っていたようだ。つまり、この時点で彼は、真の悟りに到達していたことになる。

その少し前、故郷に帰って母親の病気の看護をしていた梅岩は、用事があって部屋を出ようとした刹那《せつな》、忽然《こつぜん》として年来の疑念が散じて、大いなる悟りを開いたという。

すでに机上の学問において、彼は神・儒・仏の三教をもって一丸となし、求道者としての学をおえていた。そのうえで彼が必要としたのが、実体験での境地であった。

「先ヅ心ヲ知レ」

くり返し『都鄙問答』に出てくるこの意趣は、「曰《いわ》ク言ヒ難シ」で言句をもって語りつくせない、「我ニ於テ会得スル所」のものであった。ハッと氷解した瞬間、禅僧たる鈴木正三に問えば、不立文字《ふりゅうもんじ》、教外別伝と答えたかもしれない。

梅岩、〝豁然〟と笑う

ブッダは、菩提樹の下で悟りを開いた。多くの村を再生した二宮尊徳は、四十二歳のおりに成田山新勝寺《なりたさんしんしょうじ》の断食堂で、二十一日間の断食をやって、心に浮かぶ境地があったという。塚原卜伝《ぼくでん》や上泉《かみいずみ》伊勢守のような剣聖にも、極意を悟った瞬間、実体験はあったはず。

梅岩は二十年来、渾身をもって考えつづけて来た大疑困《たいぎこん》を刹那に粉砕して、ついに己れ独自の境地——明朗で自由で愉快な——にいたった。

彼はそのことが嬉しくてうれしくて、しかたがなかったに相違ない。それこそ、見ず知らずの人にさえ、つい教えてあげたくなるような、とても黙して自分一人の手柄とするにはもったいない、とてつもなく大きな果実を梅岩は手にしたのである。

『都鄙問答』巻之三には、その嬉しさのたとえとして、彼は死んだ親が蘇生して再びこの世に出てくることよりも嬉しかった、と述べていた。

昔より重荷を持ちし山賤《やまがつ》（きこり）の息杖かけて休みたるを、安楽の至極なりと畫《えが》（画）き伝へし其の人は、豁然《かつぜん》と開けたる、此《こ》の楽しみを知らざる者にてありつらん。（『都鄙問答』）

ほんの束の間、息抜きをして、それが最高の「安楽」だと思い込んでいるような人には、「豁然」（広々と開けているさま）を悟った私の楽しみはわかってもらえないだろう、と梅岩はいっている。

我に至極の楽しみを畫《えが》（画）けと望む人あらば、豁然とひらけつゝ、手の舞ひ足の踏みどを忘れし者を畫くべし。（同上）

――それは、全身で舞い踊りたくなるほどの喜びであった。

「一ヶ月や二ヶ月に疑を起し、是《これ》に於《おい》ても彷彿《ほうふつ》とひらくことありといへども喜ぶこと少《すくな》し。少きゆへに勇気出《で》ず」（同上）。

梅岩の懐疑は、一ヵ月や二ヵ月悩んだものではなく、二十余年の間、考えつづけてきた大いな懐疑であった。だからであろう、この大疑団（大いなる疑いのかたまり）が爆砕飛散して「豁然」と悟れたとき、「衆物の表裏、精粗到らざる無し」となった。この大歓喜に支えられた〝大勇気〟あればこそ、梅岩は信心堅固に辻に立つことができた、ともいえる。

『都鄙問答』を読んでいると、豁然と笑う、梅岩の顔が目に浮かぶようだ。

では、彼は何をどのようにして悟ったのであろうか。いよいよ、「心学」の具体的収得法をみていきたい。

第三章
「心学」を身につける

感性を心の真中に置く

悟りを導き出す手法は、古今東西かわらない。一つしか、なかった。

目をとじて、静かに考えにふけることにつきた。瞑想《めいそう》である。

すでに触れたように、瞑想はユダヤ教にもキリスト教にもイスラム教にもあった。

無論、仏教にもある。日本の仏教を代表する一つ、天台宗ではこれを「止観《しかん》」と呼び、
禅宗では悟る手段に座禅をもちいた。

「魂の修行課程《スピリッチュアル・エクササイズ》」などというと、オカルトの何事かに聞こえるかもしれないが、カトリックの世界では、瞑想は「心霊修行」というようである。

目的は心胆《しんたん》を練り、不惜身命《ふしゃくしんみょう》――『法華経』にいう、身命《しんめい》を惜しまず、仏道に尽くす覚悟《かくご》を得ることである。思想、宗教によっては、仏が神となり、あるいは〝天〟となり〝自然〟となった。

梅岩の覚悟した「心学」の根本では、〝性理〟となる。性理の論とも。

この〝性理〟の単語は、彼の創語ではない。宋学からの借り物であった。序章でみ

た蘇軾（東坡）の国の学問であり、儒学の新しい時代における解釈、と思えばよい。道とか道徳とか、あるいは人の生き方・死に方など、心の中に生じた思索をめぐらせる時、一度はかならず拠り所とする思考法であった。

幕末・明治初頭にかけて、欧米思想が日本へ流れこんできたとき、フィロソフィーを訳するのに「性理学」の語をあてた日本人学者は少なくなかった。

梅岩も同じで、自らの〝豁然《かつぜん》〟とした悟りを説明するには、宋学の性理説を援用し、その用語を借りる必要があった。

なにしろ、「曰《いわ》ク言ヒ難シ」「心ハ言句ヲ以《もっ》テ伝ヘラル所ニアラズ」「口伝《くでん》ニテ知ラル、所ニアラズ、我ニ於《おい》テ会得スル所ナリ」というのが「心学」であったのだから、そもそもハッと悟った瞬間を言葉にするのは、至難であったろう。

余談ながら、人間が最初に出会った〝社交〟は言語か音楽であったろうと筆者は思っている。言語ならば、相手に想像力を喚起してもらって、内容を理解してもらわなければならない。

セネカやソローもいっていたように、人間の生きる目的、学問する本来の目的は、聖賢の道に到《いた》ることにあった。その心を得ることにあった、といっていい。

神道ならば神ながらの道を、儒学者ならば孔子・孟子の心＝すなわち天地の心である、豪塵《ごうりん》も私心のない理想の人格を求めた。仏教における、ブッタの悟りも同断。これらすべてが「生きる道」「学問の道」であった。それを心底、理解するためには文字はありがたく、文字によって書ける思想は、不可欠となったであろう。宋学しかりである。

とはいっても、筆者はこれらのすべてが、二十一世紀を生きる日本人に当てはまり、活用できるとは毛頭、考えていない。しかし、中心となるものを定めておかなければ、瞑想一つ、まともにはできない。感性を仮に、心の真中に置いてみてはどうだろうか。

楽しい、面白い、美味しい、おかしい——心を豊かにしてくれる感性を、〃性理〃ととりあえず置いてみる。そのうえで梅岩のいう、「心を尽し性を知り、性を知れば天を知る」を考えてみてはどうか。

儒学では致知《ちち》の語をもちい、梅岩は天理・聖知という語を用いた。陽明学では「心法」といい、梅岩は「心の工夫」と称している。そして、心静かに自分を考える。「心学」では「放心」（心が定まり、どのような場合にも対応できる心理状態）を持つことを、「発明」（開悟）と称していた。「放心」が可能であれば、心はなるほど自由自在となる。問題は、どうすれば「放心」を得られるか、であった。

心に静謐《せいひつ》を持つ

瞑想であろう。筆者は「心学」の理論を、文献のみで理解している。多少、武術・武道を修め、参禅経験もなくはない。が、石門心学においては、素人の範疇であろう。そのため当然、誤解があるかもしれない――否、あると思うが――精一杯に理解したつもりで想定すると、「心学」はおよそ次のような展開になったかと思われる。

そのうちの一場面は、

「このように、心の中で工夫するのですよ」

し、瞑想の世界で、あるいは梅岩が教えてくれるかもしれない。

想像の中の自分は、紛れもない自分自身である。日々、それなりに懸命に働いている。否、惰性《だせい》で生きているのかも。そのせいかどうか、いつも漠然《ばくぜん》とした不平、不満を抱き、内心がイラついて、周囲とうまく溶け込めない。

仏教でいう三種の煩悩――人から向けられ、自身も人に向け、怒り（攻撃）、欲望（収奪）、愚かさ（無能）に心が塞《ふさ》がり、心の回路が正常に作動しない。鈴木正三のいう、「一仏」から遠ざかってしまった〝三毒〟である。彼は「瞋恚《しんい》」「貪欲《どんよく》」「愚痴《ぐち》」と説いた（第一章参照）。

どうも、心の回路が狂っているようだ。そのせいかどうか、先日もつい、不心得な言動を上司に吐いてしまい、立場が悪くなる場面があった。

「あの人はさぞ、プライドを傷つけられて、怒っているだろうな」

たしかに、相手の信頼、信用を傷つけてしまった。自分自身も値打ちを下げ、今は身も世もなく愧《は》じ狼狽《ろうばい》している。謝ればよかったのだが、

「すいませんでした」

とはいえなかった。

弁明してしまいそうで、そうなれば自分のプライドも傷ついてしまう。そのまま、時間が経過してしまった。職場の空気は、すでに最悪。弁解のできる状態では、なくなってしまった。今になって何かいえば、それこそ三種の煩悩、〝三毒〟が頭をもたげてくれる。

いや、謝るわけにはいかない。汚辱《おじょく》にまみれたのは自分だ、人前で恥をかかされたのだから。しかし、このままではさすがにマズい。

この「苦界《くかい》」（人間界）から逃れる方法はないものだろうか。会社を辞めて、環境を

リセットすることはできる。が、さて、次に働く場所があるかどうか。

まずは、心を落ち着けよう。相当、頭に血が上《のぼ》っているかもしれない。ならば、こういう時こそ一服だ。コーヒーでもお茶でもタバコでも、一瞬、心をカラにしよう。香を聞くのもいい。そうすれば、心のバランスを整えることができる。

「心を尽《つ》くして考える――」

これが、何よりも先決だ。

人は誰しも、心の中に秤《はかり》を持っている。そして無意識に、自分の何ものかを片方に乗せ、他人の何ものかをもう一方に乗せる。「正義」(justice)の語幹の、「just」は天秤《てんびん》のこと。秤にかける――すなわち、自分はつねに人と自らを比べて、心の中で釣り合いの取れることを願っているのではないか。

ところが、世の中には正義も存在するが、不義もある。もともと、バランスなど取れるものではない。

であるにもかかわらず、純真な人、世間を知らない人、自己中心的な人は、「不公平だ、自分だけが損をしている。許せない」

となる。

瞑想の力＝「心の工夫」

ここまでなら、まだいいのだが、こうした不釣り合いへの想い（自分勝手な正義観）が、いつしか強迫観念になってしまい、それらが蓄積され、イライラが募ってしまうと、心の回路はオーバー・ヒートして、ありとあらゆるところで衝突が起きてしまう。それこそ、取り返しのつかない事態を招くことになる。

不均衡を僻《ひが》み、怒り、誰かにそれをぶつける。正義は当たり前というのは、幻想・妄想でしかない。

このようにいうと、読者の中には、では現実の前では忍耐するしかないのか、プライドを捨てろというのか、と心がマイナスへ向かう人がいるかもしれない。が、「心学」はちがう。なぜならば、我慢しようとすると、かえって不安は生まれ、募り、妬《ねた》みや迷いは深まる。煩悩は常に、形を変えてあなたの側にしのび寄るもの。

だからといって、ストレス発散のために、インターネットの世界で大騒ぎをしたり、モンスター・ペアレンツやクレーマーのように、文句のいえない立場の相手を、時に匿名でイジメ、屈服させて溜飲《りゅういん》を下げても、心は晴れればれとはしまい。心は正直なもの、卑怯（おくびょう・心がいやしいこと）はやればやるほど、自らの心が惨《みじ》めになり、ついには自分で自分を見捨てる世界に向かうことになる。

自らの手で、自分自身を汚辱にまみれさせながら、自分の価値をつり上げたところで、心は劣化することはあっても、決して向上せず、豊かにもならない。

厳しい現実に踏みとどまりながら、天秤の片方に乗せるものを考え直してはどうだろうか。自分自身の乗る皿《さら》も、マイナス思考を乗せないようにすべきではないか。

曰く、自分は何と優柔不断なのだろう。ダメなやつだ。否、人の心なんて皆、同じようなものだろう。しょせん、諸行無常というしな。ブレるし、揺れるし、な。

同じ天秤の皿に乗せるなら、双方共にプラス思考を乗せるべきであろう。

石門心学では次のように教えていた。

人《ひと》、我《われ》に無礼ならば是《これ》こなた（あなた）の礼、いまだ足らずと知るべき事

人、我に過《あやま》ちを告げ知らさば、宝の賜物《たまもの》を得たりと思ふ事

我、寒ければ人も寒く暑ければ人も暑し、己《おの》れ苦しき事は人もまた苦しく、凡《すべ》て

己れに好まぬ事を人にも与ふまじき事
おのれに利あらば、人に善ありと知るべき事
ほまれ（よい評判）はそしりの基《もと》、楽は悲しみの始《はじめ》としるべき事
あまり親しくするは、疎《わかれ》るの始《はじめ》と知るべき事
大なる福《ふく》来れば、是災《これわざわい》の起りと心得《こころえ》、慎《つつしみ》を加ふべき事
生涯の間、怒りをば起《おこ》すまじと心懸《こころがけ》たしなむべき事
貪《むさぼ》る心、起《おき》る事あらば浅ましき心根なりと耻《はじ》（恥）をおこすべき事
たはむれ（冗談）にも、いつはり（うそ）言ふまじき事

（『あつめ草　三篇』より、原本任意抜粋引用）

〝七情〟から逃れ、明鏡止水の境地へ

人はなぜ、悩むのか。煩悩があるからだ、と仏法も梅岩もいう。なるほど、欲が深くなれば自己主張も強くなる。しかし厄介なことに、煩悩は人間が生きている限り、完全には消せない。すべてを消滅させることができたなら、それ

こそ聖人であろう。

無視しようとしても、煩悩は生まれ、付きまとう。ふり回されれば、周囲を疲れさせてしまい、自らもクサクサした気分に陥る。そして、振り出しに戻ってしまう。

この悪循環を断つには、悟りを開かなければならないが、あいにく自分にはそれだけの器量がない。時間もなければ、環境にも恵まれていない。

だからといって、この居心地の悪い中に、もうこれ以上は我慢もできそうにない。限界かも。

——ならばせめて、軽減することはできないだろうか。

「人々、己れに貴《とうと》きもの有《あ》り、思《おも》はざるのみ」（『告子《こくし》』上巻）。

これは孟子の言葉だが、梅岩は同じことを〝尽心知性即知天〟と述べた。

梅岩の場合、煩悩の数は七つに増えた。「七情《しちじょう》」といい、喜・怒・哀・懼《く》（おそれ）・愛・悪《お》（にくしみ）・欲となった。彼はいう、

「ただ七情に蔽《おお》ひ昧《くらま》されて、種々の疑いを発し、私知となる」

と。梅岩はこの七情から逃れて、心が明鏡止水の如くになるには、なによりも素直な心をもとめよと説いた。

今風にいえば、意志の集注《しゅうちゅう》（一箇所に集め注がれること）といえようか。

——方法はある。

それこそ、これまでに見てきた如く、歴史の先人が自ら手本を示してくれたように、好きなこと、これはと思うことに心を集中することだ。

その対象は、人生いかに生きるべきか、の哲学であってもいい。芸術——短歌・俳句・漢詩、あるいは趣味の世界すべてにおいて、生きがいとなり得るものであれば、何でもよかった。

家族に対する、いつくしみでもよい。子供の成長を見守る、でも充分である——「心学」では、〝五倫五常〟を説いている（子・親・主従〈今なら上司と部下か〉・夫婦〈恋人も可か〉・兄弟〈姉妹〉）。

ならば、各々の具体的な、そのかかわり方を生きがいとする計画を、考えればよいのではないか。

人間、どれほど忙しい生活をしていても、かならずやわずかながらの〝寸刻〟はもっているものだ。その時間から、始めればいい。急《せ》いては事を仕損んじる。束の間の人生だが、昨日までは無駄に費やしてきたのではないか。焦ったところで、しかたがない。まずは一歩を踏み出して、見切り発車してみてはどうだろうか。梅岩の高弟・手島堵庵《とあん》は、性を「本心」と呼びかえていた。

何をどうして良いのかわからなければ、瞑想して「本心」を知ればいい。

〝一ツ三昧〟のアドバイス

幼かった頃、小中学生の時代に、自分自身の夢は何であり、得意は何であったのか。時間が経つのを忘れて打ち込んだ事は、かならず一つや二つあったに違いない。

答えは、過去にある。E・H・カーもいっていた。そこに、発見があるのだ、と。

「心学」では〝一ツ三昧《ざんまい》〟と称した。一つのことに熱中すること。精神を集中して、みださない無我の境界。「活眼を開いた」とも、「性を知った」ともいった。

「工夫と言えば、あれこれと考えることにも思うが、それは間違いで、工夫とは仕事をする人という文字であり、人が仕事にかかれば、一ツ三昧に決まっている」

なるほど、好き＝仕事ならば、それに打ち込めれば「妄想雑慮」は消えるに相違ない。が、生活のための仕事と本当にやりたいことが分離してしまいがちな今日では、好きなことに〝一ツ三昧〟となれる時間をもつべきであろう。

石門心学では〝一ツ三昧〟になるために、いくつかのアドバイスをしているが、今日においても通用しそうなものを任意であげると、およそ次のようになる。

一、難しく考えないこと
二、可成《かなり》（たぶん）卑近《ひきん》（手近なこと、ありふれたこと）にして、直覚的に理解し得て、工夫をこらせるもの
三、理屈に渉《かかわ》らぬこと
四、前例（先人の成功体験）に学ぶこと
五、応用のきくもの

これらを参考にしたうえで、懸命に「心の工夫」を考える。

「学問の道は他なし。その放心（心が定まり、どんな場合にも対応できる心理状態）を求むるのみ」

「発明して（悟って）後《のち》は、学ぶ所、我に在《あ》って人に応ずること窮《きわま》りなし」

いかがであろうか。こうした〝一ツ三昧〟は、それこそ梅岩が七歳の元禄四年

（一六九一）に没した、熊沢蕃山《くまざわばんざん》にもあてはまった。

梅岩が三十歳となっていた正徳四年（一七一四）に没した、貝原益軒《かいばらえきけん》にもみうけられ、すでにみた梅岩の死後、四十三年にして出生する二宮尊徳にも受け継がれたといえる。

彼らはみな、己れの好む世界をみつけ、万事を放擲《ほうてき》して渾身の力をもって学問に打ち込んだ。だからこそ、成果をあげることができたともいえる。それにしてもなぜ、梅岩も含む彼らは只管《ひたすら》、聖賢に到る道を歩められたのであろうか。

使えない「心の工夫」は意味がない

俗世に住んでいても、「心の工夫」のできた人は、日常のいとなみに忙殺される生活の中にありながら、心に独特な静謐《せいひつ》を持ちえたからではなかったろうか。

国学者の本居宣長《もとおりのりなが》などは、自らの医者の生活を断念することなく、日常の仕事は仕事としてこなしながら、好きな学問の道に打ち込んだ。が、彼は日々の生活をする仕事を持たずに、学問のみする儒者は認めない、とまでいい切っている。

梅岩も宣長と同様、商家でのつとめをはたしつつ、学問を進めていた。

では、逆に問う。なぜ、学問専念がいけないのか。一言でいえば、〃死《しに》学問〃になってしまう懸念があったからだ。学者は書物の上の文字の論議だてや、抽象的煩瑣《はんさ》な議論にとらわれて、学問的精力を一向に、実社会の生活へむけようとはしない。生きたナマ身の人間を観察しもしないで、何を理屈をいうのか、というのが梅岩であった。

実社会を生きていくうえで、プラスとなり、よりよく楽しく生きるためにこそ、学問＝「心の工夫」は必要であった。使えない歴史は意味がない、という筆者の考え方と、梅岩のそれはかわらない。

そのためであろう、朱子学における学統――古義学、古文辞学など、畢竟《ひっきょう》、学問本来の目的にとっては、どうでもよい枝葉末節であった、と梅岩は思っていた。

そういえば、かつて勝部眞長が自身で作成した「心学」の図解があった（「石門心學論」・『講座心学』所収）。瞑想のおりの、参考になるかもしれない。

[天]（天）理　↑　性（天下ノ性）
　　　　　　　→
[人]（尽）心　↓　（知）性（五倫五常）

ちなみに、梅岩の「心の工夫」の妙味が、やがてその弟子・手島堵庵《とあん》により、広域な「心学」を形成することとなる。堵庵は、師の教えを整理した。

心
道心（＝仁心・本心）
人心（＝慾心・私心）
求二放心一―性（知性）
（天地ノ心
無心）

右が勝部の図解した、完成した石門心学の姿であった。

「心を知るを学校（学ぶこと）の初めとす」といった梅岩は、「性を知るは学問の綱領なり」ともいっている。〝尽心知性〟＝心の工夫とは即ち、道心と人心（人欲）との相交《あいまじわ》り、相分れ、相戦う所の心の世界の葛藤において、苦しみながらも懸命に〝放心〟を求め、悪戦苦闘を重ねた結果として、ついに〝豁然〟として、心の底の自ら叩き割る心境に到達した、という。

豁然として貫通するときは、衆物の表裏精粗到らざることなし、と。扨《さて》この所は、我が心を尽すほどほどに嬉しさ違ふなり。年久しく如何如何と思ふ所より、忽然《こつぜん》として疑ひ晴るることあり。（『都鄙問答』）

「心」こそ人間の本質

少し瞑想のアフターケアとして、「心学」を復習しておきたい。

もし、学問をしようと思うならば、道徳の完成を志すべきである。人をめざすならば、聖人に到達することを目標とすべきである、との意が梅岩の「心学」であった。彼は特別、奇妙なことをいっているのではない。

考えてみるに、「心」＝人間の本質を知ろうとすることこそが、学問の第一歩といえましょう。それなのに、これらの真理探究をせず、ほかに究極的な学問があることを知らず、そのような学問は聞いたことがありません。「心」こそが人間の主体であり、本質なのです。そうした「心」のない、身体だけの人間になったとしたならば、山野に捨てられた死人と同じではありませんか。そのように考えれば、生きた人間の主体たる「心」を知らせようとする、私の教えがなぜ、異端といわれねばならないのでしょうか。

（前掲の『都鄙問答』現代語訳は筆者）

梅岩は、武士の本分とされた学問の世界に、大きく斬り込んでいった。人間の生きる道、良心に、武士も商人もない、と彼は心の底から思っていたようだ。

わずかな欲心から、少しばかりの不正が生じても、人間の世界ではかけがえのない信用が、一挙にくつがえり、その不正事実はのちのちまでも、後《あと》につづく人々を苦しめかねない。

梅岩は不正を働かないためにも、「倹約」を第一とすべきだ、と説いた。

ただ、彼のいう「倹約」は今日にいう「節約」とはいささか意味が異なった。「吝《りん》嗇《しょく》」（けち）ともちがっていた。梅岩の『斉家論』は「倹約」を説いた著作と決めつけてよいほど、多くのページは「倹約」について述べられていたが、ものを必要以上に惜しむ＝けちは、本質的には欲心のあらわれである、と彼はいい、「倹約」はそうではなく、積極的に自らの意識で努力するもの、むしろ前向きな独創的なものだ、ととらえていた。

「わかりやすくいえば、世の中の三つの財を必要としたものを、二つで済ませることだ」

という意味のことを、梅岩は弟子たちに語っている（『石田先生語録』）。

三を二にするには、創意工夫がいる。吝嗇は逆に、三つしか入らないものを三つ入れて働かない様《さま》といえようか。あるいは、三つ入れて四つ目をほしがる心といってもよい。

彼の「倹約」は、現代社会に置き換えれば「改善」「合理化」の走りのようなもの。心豊かに生きていくためには、何かを「倹約」しなければならない。得るために捨てる、あるいは我慢すること。

この「倹約」こそが、「仁の本」だと梅岩は強調した。

恒産と「士《さむらい》」の清潔

商人が取引先への誠意、信用を得るには、「潔白《けっぱく》」（道徳的潔癖《けっぺき》）――いさぎよくけがれのないことが必要だ。後ろ暗くないこと——以外にない、とも梅岩はいい切っている。

では、その「潔白」の源は何に拠るのか、彼は『論語』、『大学』、『中庸』と並ぶ、〝四書〟の一《いつ》・『孟子』の「梁恵王《りょうけいおう》〈下〉」を引く。

「恒産《こうさん》なければ、因《よ》って恒心《こうしん》なし」

一般の人民＝庶民（商人も含む）は、「恒産」すなわち、生活に不安のない程度の財産や生業、どんな場合でも生活していけるだけの、収入や財力が備わっていないと、「恒心」すなわち、ぐらつかない心、不変な思想、不動の道義といったものは保ちにくい。だからこそ政治家は、まず人民に、社長は従業員に、恒産を持たせることが大切だ、と孟子は唱えた。

「恒産ある者は恒心あり」（「滕文公《とうぶんこう》〈上〉」）。

とも。人間が定まった心、すなわち潔白、信用といったものを、堂々と胸にかかげるには、一定の裏づけ＝財産がいる、というのだ。心豊かに生きるためにも、程度の個人差はあっても、日々の金銭的裏付けはほしい。逆に、

「苟《いやしく》も恒心なければ、放辟邪侈《ほうへきじゃし》（わがまま勝手な悪いおこない）、為さざる無きのみ」（同上）。

日常の食生活に、三百六十五日事欠いていたのでは、自らの好む世界に浸ることは

できない。瞑想も雑念・邪念に、破られてしまいかねない。

「恒産なき者は恒心なし」（同上）。

これを受けて、梅岩の心学が示した反応がおもしろい。「恒心」の手本として、

「何事も清潔の鏡には士《さむらい》を法《のり》とすべし」

と述べたところが、ユニークであった。

ここで梅岩は、その「士」の代表に、謡曲「鉢の木」にも描かれた鎌倉幕府五代執権・北条時頼《ときより》の、廻国譚をもち出す。さらには時頼を、「鎌倉最明寺殿《さいみょうじ》」とも呼んだ。執権を辞したあと、この時頼が三ヵ年にわたって諸国を廻国した、と『増鏡《ますかがみ》』や『太平記』、あるいは謡曲「鉢の木」は述べていた。

謡曲「鉢の木」によれば、一人の旅僧が信濃国（現・長野県）から鎌倉へ赴く途中、下野国佐野（現・栃木県佐野市）辺りで大雪に見舞われたという。

夜の帳《とばり》もおりようとする時刻、旅僧は一夜の宿を求めて、とある茅屋《ぼうおく》（あばら家）に立ち寄った。戸外は大雪で、屋内も寒気は厳しかった。家の主《あるじ》は旅僧に暖をあたえようとして、ためらいもなく、秘蔵の鉢植の銘木、梅・桜・松の木を炉にくべた。

旅僧が主の名をたずねると、もとは佐野庄の領主・佐野源左衛門常世《つねよ》というもの

――一族のために領土をうばわれ、このように落ちぶれているのだ、と主は答える。しかし、と源左衛門はいう。もしも鎌倉に、一大事が出来《しゅったい》したならば、自分は一番に馳せ参じる覚悟だ、とも語った。

やがて、その「いざ、鎌倉――」のときがやってくる。やせ馬にむちうって、ボロボロの武具に身をつつみながら、源左衛門は見事、鎌倉に一番乗りを果たした。

「武士《もののふ》はいたのだな」

親しく源左衛門に声をかけた北条時頼こそが、かつての旅僧であった。時頼は冬の夜の恩義の礼をのべると、源左衛門の領土を旧に復する。

おそらくは時頼の善政が、こうした廻国説話の形をとって、表現されたものであろうが、ここでわれわれが学びたいのは、佐野源左衛門の生き方であった。彼は厳しい現実を前向きに、おそらく一朝ことある時を夢見て、日々の倹《つま》しい生活を、楽しく暮らしていたに違いない。

筆者には、源左衛門の日々が、ソローや陶淵明と同質の生活態度に思われた。

鎌倉武士・青砥左衛門尉の逸話

つづいて『都鄙《とひ》問答』（巻之一・商人ノ道ヲ問《と》ノ段）に登場するのが、名執権・北条時頼に仕えたとされる、鎌倉の御家人「青砥《あおと》左衛門尉誠賢《さねかた》」、あるいは「青砥三郎左衛門尉藤綱《ふじつな》」である。

名前が一定しないように、この人物は生没年が不詳であり、そもそも実在したのかどうかも疑わしかった。『弘長記《こうちょうき》』や『太平記』に登場し、なるほど江戸時代には鎌倉武士の鑑《かがみ》＝「士」となっていたのだが……。

『弘長記』に拠《よ》れば、上総国青砥庄を本貫地とした、というが、上総国は現在の千葉県中部。生憎《あいにく》、青砥庄は記録になく架空の地名であった。下総国葛飾郡青戸（現・東京都葛飾区青戸）とする俗説もあるようだが、いずれにせよ誠賢（藤綱）は、青砥藤満という人の妾腹の子として生まれたという。一時は出家したものの、のちに還俗。執権時頼によって幕府の評定衆（政務・訴訟の最高評議機関の構成員）に任じられ、清廉潔白な頭人《とうにん》（長官）として職務に邁進したという。

彼を『都鄙問答』に登場させた梅岩は、

「上仁《かみじん》なれば、下義《しもぎ》ならざることなし」

と口上し、次のように述べていく。

たまたま北条時頼の家臣（得宗被官）と荘園の役人が、裁判を争うことになった。時頼の家人《けにん》の言い分には無理があったが、評定の人々（奉行人）は相手が執権の家来である。その権威を恐れるあまり、理非の判断をはっきりいうことができず、なかなか裁断を下せない。逆に、荘園の役人の言い分を退けようとすらした。

そこへ青砥が現われ、法を厳守して、理路整然と裁決をくだし、時頼の家臣を敗訴とした。勝訴した荘園の役人は、この判決を大いに喜び、そのあと、「鳥目《ちょうもく》」（一貫文は約三・七五kg）を三百貫文、俵に詰めて青砥邸の屋敷裏の山から、これをころがすように屋敷へ運び込んだ。しかしこれを見た青砥は喜ばず、残らず三百貫文を返すと、

「こんなものをもらわなくとも、相模守殿（時頼）から褒美《ほうび》はもらえるはずだ。正しき裁判をしたのは、相模守殿のことを思えばこそであった。天下の理非を正したのだ。さぞや、相模守殿もお喜びであろう」

と言った。このような人物こそ「士」である、と梅岩。その青砥が主人公となった、有名な挿話があった。

彼の家来が暗夜に帰路へついたところ、鎌倉の滑川《なめりがわ》に銭十文を落としたことがあった、との話である。真っ暗がりで落とした場所も明らかにできず、たかが十文ということもあって、家来はそのまま屋敷へ戻った。

ところが、この話を聞いた青砥はいそぎ人足を集め、五十文出して、松明《たいまつ》を買わせて、十文を探させ、ついには拾い集めることに成功する。

この話を聞き知った世の人々は、知恵者として名高い人にしては、何と青砥さまはおろかなことをする人か、と誹謗《ひぼう》した。なるほど十文をとりかえすのに五十文使ったのであれば、引き算上、これは割に合わない。四十文、損をしたことになる。

ところが、青砥の言い分は別なところにあった。

「世の人々は賢《さか》しらに、十をもとめて五十を捨てた、というが、これは心得違いである。支払った五十文は商人の手に渡って、天下をめぐる。もし十文を落としたままにしておけば、この十文は失せてしまい、天下の宝となることはない。流通しないのだから――」

このことを聞いた人々は、一転して、大いに青砥に感心したという。

筆者は青砥の探し求めた銭十文に、納得した人生を、心豊かに生きたいと願う、一人の人間の思いを感じたのだが、読者諸氏はいかがであろうか。

第四章

新しい「心学」の可能性

歴史心理学とホイジンガ

歴史学の一分野に、歴史心理学と呼ばれるものがある。

「これからは、歴史心理学が有望だ。勉強してみたらどうか」

大学生の筆者に声をかけてくれたのは、歴史学の先生ではなく、心理学専攻の助教授だった。恥ずかしいことながら、筆者はその時（大学二年）まで、「歴史心理学」という分野どころか、その単語すら知らなかった。歴史を生業《なりわい》にしたいと考えていた筆者も、意味が分からなければ、有望もへったくれもない。慌ててこの未知なる分野を、付け焼刃で勉強したことを、今もよく憶えている。

最初に手に取ったのは、Z・バルブーの『歴史心理学』（真田孝昭他訳・法政大学出版局）であった。当時、題名に「歴史心理学」を銘打った唯一の翻訳書ではなかったろうか。しばらくして原題には、「――の諸問題」が付いていることを知ったのだが。

バルブーは人間の精神が、どの程度、歴史の過程から影響を受けるものなのかを、次の三つの論点で述べた。

一、歴史的な発展とさまざまな特定の精神的機能
二、歴史的な発展と個人の精神的な組織構造
三、歴史的な発展と集合的な精神構造

ルーマニア生まれの著者の論証は、詳細でなお堅牢であったが、いかんせん、文章がかたすぎて、加えてカタカナになじまない筆者には、どうにも内容が把握できなかった。L・S・ヴィゴッキー著『精神発達の理論』(柴田義松訳・明治図書出版)やM・ブロック著『フランス農村史の基本性格』(河野健二、飯沼三郎訳・創文社)、A・P・ルリヤ著『認識の史的発達』(森岡修一訳・明治図書出版)などを読み漁ったが、梅岩のような心からの感動、納得は、ついに得られなかった。

筆者の頭はどうも、日本人としての意識に支配されすぎているようで、カタカナの国のカタカナの物語は、いかに事例を読み返しても頭《アタマ》がうけつけてくれなかった。日本の国体《くにがら》でいう、〝自然〟ではなかったのかもしれない。

例外的に、多少なり理解できたのが、ヨーハン・ホイジンガ(一八七二〜一九四五)の『中世の秋』(堀越孝一訳・中公文庫・上下巻)であった。

この作品は社会史研究の原点として、一九一九年に最初の本が刊行されてから、今日まで色あせることがない。ただし、筆者が僅かながらわかったような気がしたのは、著者がオランダのライデン大学の教授をつとめた人で、副題の「フランスとネーデルランドにおける十四、五世紀の生活と思考の諸形態についての研究」とあるごとく、二つの国の中世後期を分析の対象としていたためであった。

筆者は日蘭史の延長にホイジンガを捉《とら》え、加えて研究と合気道をやるために、オランダに短期滞在した経験があり、その週末を現地の歴史的遺産を通して実地に歩いたことから、理解しやすかった利点があった。

ホイジンガの著作にはその後も、色々と影響を受けた。

現代に重なる「中世末」

「歴史心理学」の線上で概説をするならば、フランスやオランダの十四、五世紀＝中世の末期を、それまで喧伝されてきたルネッサンスの告知にみずに、〃中世〃そのものの終末ととらえた点が、ホイジンガは画期的であった。

一つの時代の、豊かな文化が時代の影響を受けて枯れていく。そしてしぼみ、死に硬直する。とりわけ次のくだりは、生涯、忘れられない。

中世文化は、このとき、その生涯《しょうがい》の最後の時を生き、あたかも咲き終わり、ひらききった木のごとく、たわわに実をみのらせた。古い思考の諸形態がはびこり、生きた思想の核にのしかぶさり、これをつつむ。ここに、ひとつのゆたかな文化が枯れしぼみ、死に硬直する――これが以下のページの主題である。この書物を書いていたとき、視線は、あたかも夕暮れの空の深みに吸い込まれているかのようであった。ただし、その空は血の色に赤く、どんよりと鉛色の雲が重苦しく、光はまがいでぎらぎらする。（同上）

――ホイジンガはいう。

いつの時代も美しい世界にあこがれる。混迷の生活に打ちのめされ、現在に深く絶望すればするほど、そのあこがれは深まる。中世末葉、生活の主調音は、きびしいメランコリー（気がふさぐ、ゆううつ）であった。

（同上の上巻Ⅱより・カッコのみ筆者）

彼のいう「中世末葉」は、日本の戦国時代と何ら変わらなかった。否、いつの世の過渡期にも当て嵌《は》まるのかもしれない。「ただもう、争い、憎しみ、悪意、貪欲《どんよく》、野蛮、悲惨の記憶ばかりである」とホイジンガはいい、「いったい、この時代の人は、残酷、傲慢《ごうまん》、放縦《ほうしょう》（わがまま）の快楽しか知らなかったのか」と嘆く。「静かな生活の幸福は、どこにもなかったのであろうか」と。

そうかと思うと、「人間にわりあてられている生の幸福、のびやかな喜び、甘い憩《いこ》いの総量は、時代によってそう差があるわけではない」とも。だが、現実は……。彼の引用するユスターシュ・デシャンの詩が凄まじい。

苦痛、誘惑の時、涙、嫉妬《しっと》、責苦の時代、
衰微《すいび》、地獄落ちの時、終末へと導く時代、
偽りに満ちてことをなす恐怖の時、

放漫《ほうまん》（やりっぱなし）、嫉妬に満ちて偽りをいう時代、
栄誉なく、真実の裁《さば》きまたなき時代、
悲しみの時代、生命《いのち》はちぢまる。

（同上）

時代の転換期は、日本の〝下剋上〟であろうが、ヨーロッパの中世末期であろうが、かわることはなかったが、それにしても右の詩は陰気で、人々の苦悩と絶望が徹底していた。梅岩がこの詩を知れば、間違いなく「心学」を説いたに違いない。

ホイジンガの語る三つの人生

生活に飽き、幻滅し、倦怠《けんたい》した人々――もしかすると、今の日本も同じ心理状況なのかもしれない。では、ホイジンガは「歴史心理学」の立場から、こうした現実を生きるにはどうしたらよいのか、どのように分析をしていたのだろうか。

「いつの時代にもひとのあこがれ求める、もっと美しい世界は、どこにあるのか」

と彼は問いかけ、「より美しい世界を求める願いは、いつの時代にも、遠い目標を

めざして三つの道をみいだしてきた」という。そして、――。

「第一の道は、世界の外に通じる俗世放棄の道である」

ホイジンガによれば、「美しい生活とは、ただに、彼岸《ひがん》（迷いからぬけ出たさとりの世界）にいたることを意味し、つまりは、俗世のことがらからの解放であるといえる」となる。

ホイジンガ

世界的には宗教家、日本でいえば出家隠遁《いんとん》の人、世捨て人ということになろう。

しかし、この道を行くためには、俗世ことごとくを捨て去らなければならない。

「第二の道は、世界そのものの改良と完成をめざす道である」

このホイジンガの分類は、世の中が絶望的なものならば、それを改革すべく立ち上がり、現実から逃げずに真正面から対決する。これまでにみた本書の登場人物でいえば、織田信長、吉田松陰がこれに当てはまるだろうか。なるほど、第一の道に比べて真逆であり、この道を歩むのが一番効果が大きいように思われる。

しかし、「はじめに」でもみたように、勢いづく大衆のエネルギーを逆転させるというのは、それこそ一朝一夕にはできない。政治も経済も同じで、痛みのともなう改革は、そもそも不可能に近いもの。それこそ、よほどの強権をもって一気に斧を降りおろすように――信長が〝天下布武〟を断行したように、快刀乱麻を断つか、勢い自体が弱まる＝未来への絶望の気分が強められるのを待って、反発の起る可能性を極力回避してから戦うか。

日本の江戸時代中葉、商人たちの下剋上の一方で落ちていく武士たちの生活――これを立て直すべく断行された藩政改革で、見事に成功した肥後熊本藩主・細川重賢《しげかた》や、米沢藩主・上杉治憲《はるのり》（号して鷹山《ようざん》）が、この見本といってよい。

が、辛うじて成功したほんの一握りの藩以外の、大半の〝三百諸侯〟といわれる藩は、財政破綻した中で士気が衰え、改革を担う人材も協力者も出ないまま、その大半が財政崩壊のまま、手を拱《こまぬ》いて明治維新を迎えていた。

薩摩・長州・土佐・肥前佐賀の官軍主力四藩を除いて、諸藩の多くが幕末維新に躍動しなかったのは、財政破綻の深刻さに人々が失意の感情を抱き、臆病になり、心身ともに萎《な》え、衰えたが故《ゆえ》の結果であった。

明治新政府はその無気力の上に、ふわりと乗ることができた、といえなくもない。滅びの美学よろしく、エネルギーがわき出ているような状況では、立ち向かうのは至難であった。

第三の道「夢をみること」こそ

筆者が本書の執筆以前から、「心学」と重ねてきた、これからの二十一世紀の、生き方のヒントが、ホイジンガの第三の道「夢をみること」であった。

これはもっとも安易な道だが、その目標は、つねに遠くにおかれている。この世の現実は、絶望的なまでに悲惨であり、現世放棄の道はけわしい。せめては、みかけの美しさで生活をいろどろう、明るい空想の夢の国に遊ぼう、理想の魅力によって現実を中和しよう。（同上）

ホイジンガは「安易な道」だというが、「つねに遠くにおかれている」その夢と、

「みかけの美しさ」「明るい空想」をもって、「現実を中和」させるのは、さほど容易なことではなかった。

この第三はいわば、第一と第二の折衷ともいえようか。彼はそれを「たったひとつの和音」で解決できる、と表現した。

これだけでは理解しにくいが、次のくだりを一読いただくと、すでにみたヘンリー・ソローや陶淵明の生き方、風貌、または梅岩の説いた「心学」に重なるものを、筆者は感じたのだが、読者諸氏はいかがであろうか。

美しかった過ぎし日の幸福を想いしのぶだけでよい。英雄譚《えいゆうたん》、時代の徳、あるいはまた、自然に生き、自然に即した生活の喜ばしい太陽の輝きに一瞥《いちべつ》を投げかければ、それで足りる。〈中略〉中世、ルネサンス、十八世紀、十九世紀、いずれも古い歌に新しい変奏をつけ加えたにすぎなかったのである。（同上）

そういいながらホイジンガは、この第三の道、「きびしい現実から美しいみかけへの逃避」が「ただに文芸文化の問題」にとどまらない、という。

生きるための労働と理想とのあいだに、つねに変わらず密な接触がみられるのは、思考が世界の改良と完成とに向けられている場合である。そこでは、おうせいな力と勇気とが、物質労働そのもののなかに注入され、現実そのものが、エネルギーで満たされる。人びとは、それぞれ課せられた仕事に従事し、ともに、理想のよりよき世界への到達をめざして努力する。いってみれば、ここでもまた、人びとの心をつきうごかすモティーフは、幸福の夢である。（同上）

彼は「幸福の夢」が、「そう遠くない」処にあるという。なぜならば、「現実そのものが夢の対象なのだ」とホイジンガは述べている。

現実を作り変えたい、純化し、よりよくしたいと人びとは願い、仕事を続ける。そのとき、世界は理想へ向かう途上にあるかのように思われるのだ。理想とする生活形態は、労働の日々からへだたること、そう遠くはない。現実と夢とのあいだに、ほとんど緊張は存しない。（同上）

なんだか、梅岩の「性」「理」「生」について、講釈を聞いているような気がしないでもない。

「神はいない」

しかし、ホイジンガの説く第三の道は、梅岩と完璧にかさなるものではなかった。「理想の夢を追い求めるという姿勢は、現実世界にどのようにはたらきかけるのであろうか」と自問自答しつつ、ホイジンガはいう。

生活のかたちが、芸術のかたちに作り変えられるのである。けっして、いうところの芸術作品のなかに、美の夢が表現されるというだけのことではない。生活そのものを、美をもって高め、社会そのものを、遊びとかたちとで満たそうとするのである。

だから、ここでは、個人の生活術が最高度に要求される。生活を芸術の水準に

まで高めようとするこの要求にこたえることのできるのは、ひとにぎりの選ばれたるものたちのみであろう。（同上）

ホイジンガは、だれでもが賢者の模倣はできない、といい、梅岩は「見性」さえ悟れば、誰でも聖人になれる、と説いた。この相違は、どこから来たのであろうか。

ヨーロッパにおいて、それこそソクラテス―プラトン―アリストテレスと連なる時代から君臨してきた思想は、一言でいうならば合理主義であった。

本能や感覚に対して、物事を合理的に考え、正しく判断する能力＝理性こそが、この世で最高のものだ、と哲学は語りつづけてきた。理性によって感情を抑制するところにこそ、人間の本質があるのだ、とする人間観と思えばよい。

この系譜の象徴的な人物が、たとえばレオナルド・ダ・ヴィンチであった。

自然を支配する「全能なる人」（uomo universale）――十三世紀以降のルネッサンスの成果、宗教改革や科学の発明と発見、マニュファクチャーの出現などは、ことごとくこの流れの上に積み上げられた成果であった、といえるわけだ。

人間が前向きであり、懸命に自然と闘うことによってしか生存できない、とする文明がそのバックボーンにあった。ヨーロッパを中心に発展した心理学の概念は、当初、理性と感情を対立するものと捉えた。それが近代に入ってからは、両者が複合したもの、触れあうことによって相乗効果をすら持つものなのだ、と考えるようになった。

ホイジンガも、その例外ではなかった。

ところが、日本──広くはアジア全域──は、本能や感覚は理性と対峙《たいじ》するものではなく、そもそも混沌《こんとん》と交り合っているものだ、と理解してきた。つまり、〝心〟の持ちようによって、世の中の見方、考え方は変わると説いた。

このことは、〝神〟について考えてみれば、理解しやすい。

具現化された〝神〟と抽象的な〝天〟の違い、といえばどうだろうか。

たとえば、イエス・キリストに代表される、具現化された〝神〟の存在──。

欧米諸国へ出かけて行くと、壮麗さと豪壮さに圧倒されるような、きらびやかな聖堂《カテドラル》や教会といった建物に出くわすことが多い。心身にせまってくるような、こうした圧倒的迫力をもった建築物こそ、人間の精神作用における虚構について、その真の意味を語りかけてくれるものではないか、と筆者は常々考えてきた。

宗教への皮肉、揶揄《からか》い、と受け取られるかもしれないが、孔子のいう〝天〟という無人格なものは認めるとして、そもそも〝神〟などという人間と同じような格好をしたものはいない、と筆者がいい切ったとする。

まさに、身も蓋《ふた》もない言だが、いない、といい切られてしまった反対側——すなわち、神はいると信じている人々にとっては、この否定は決して容認できるものではあるまい。当然、反駁《はんばく》が必要となる。

「神など、いるのですか？」

という、おだやかな常識的疑問であっても、反対側の態度はかわらない。疑問を投げかけられた側は、無視するのが一番簡単だが、「神を讃《たた》え、崇《あが》め、神に仕えよ」と布教してきた手前、ほってはおけない。理性の伝統もある。いるのだ、ということを立証しなければならなくなった。これは神を認めてきた側の、義務といってもよい。

科学を進歩させたもの

それこそ目もくらむばかりのハードな建物や絵画、銅像。のみならず、聖書を源《みなもと》とした神学のソフト＝論文が、古代より延々と書きつづけられて、今日にいたっている。芸術的にも神学的にも、その質量の豊富さは、まるで洪水のようだ。人類の上にこれでもか、これでもかと覆《おお》い被《かぶ》さり、歴世の営みの中に圧倒的な力をもって、延々と積み上げられて来た。ただ一つの存在の、真実を明らかにするために。

キリストの清貧、忍苦、賢明、苦難、そして再生――。

多くの奇跡が伝承され、聖人が幾百千人と生まれた。もはやその巨大な証明の量は、その一つ一つが正しいかどうかなど、どうでもいい気になるほどに。大食させられて、飽和を超えた時のように。神の証明はくり返しされてきたといえる。

それこそ、背中に小さな羽のはえた天使《エンジェル》が、物理学的に飛べるかどうか、などという問いかけは、思いつくこともないほど、多量に。

だが、この人類史上最大の刺激、神の真実という命題がなければ、どうであろう、ヨーロッパの人々は精神面において、未開の蒙昧《もうまい》なまま、大地に歳月を送り、自然の中に捨て置かれたかもしれない。猿や狼、熊と同じように。少なくとも〝文明〟を開き、自然を征服するほどの、賢さは生まれなかったであろう。

理性とは、この真実――巨大な虚構こそ巨大な真実である、という西洋の考え方こそが、根拠であった、と思えばどうであろうか。過分な親切だとも、筆者は思っているのだが。絶対的な虚構＝〝神〟という存在を持つがゆえに、キリスト教は偉大な精神世界を創り出した。

しかし日本は、ヨーロッパからは遠すぎた。歴史と文化の成立や発展が、あまりにかけ離れてしまい、日本人は一般に欧米の人々のようには、キリスト教的心情を共有するができず、どれほどありがたい教えであっても、その心象を共にすることはできない。また、する気もない。

ここまで読み進めてこられた読者の中には、理性によってホイジンガのいう、「個人の生活術が最高度に要求される」「生活を芸術の水準にまで高めようとするこの要求にこたえること」と聞かされて、それは「ひとにぎりの選ばれたもの」にのみできることで、自分たちは不可能だ、と思われた方がいるかもしれない。

が、それこそがヨーロッパ的な理性ゆえの解答であった。くり返すが、日本は欧米諸国とは異なる文化・文明を築いてきた。

ホイジンガと梅岩の相異は、そのまま日常生活からの離脱を、物質的に捕まえるか、精神的に受け取るのか、根本が大いに違っていた。学ぶポイントを、間違えてはいけない。たとえば、現代の日本の世相を前提に考えてみよう。

急増する〝中年〟フリーター

現代社会において、日本の社会人はたいていが働いている。大学生、専門学校生、高校生は、その準備をしているといえよう。

自らの才能、好み、趣味や興味に賭けようとする者は、芸術やスポーツの世界へ、あるいは手に職をつける従業制度の道へと進むのかもしれない。

だが、多くの人々は自らの可能性をみつけられず、あるいはそれ以前に夢を断念して、企業への就職、公務員への道を選択している。おおよそ記憶力にめぐまれた者は、一流といわれる大学を出て、人によっては国家上級職を優秀な成績でパスし、省庁に入り、国家官僚となる人もあろう。地方公務員も、食いはぐれがない、という点では無難で悪くない。

大中小の企業につとめる人の中にも、やりがいを求めて、といいつつも心底は、生活の安定を求めている方は少なくあるまい。農業・漁業も立派な職業である。

なかには、働きながら別の分野に自らの夢を求めて、俳優や作家を目指す人もいるだろう。免許状を必要とする医師や弁護士、会計士なども、魅力的な仕事といえるが、給与《サラリー》をもらって働くという立場と、独立してお金をかせぐという立場は、極端にこれまでは違ってきた。

組織に属する者は毎月サラリーをもらって、ボーナスという賞与も望めたが、独立した者は仕事が舞い込んでこなければ原則、毎日が日曜日＝収入はゼロとなった。

ところが昨今、人口の減少に歩調を合わせるかのように、高度の科学技術が世の中のありとあらゆる分野に入ってきた。そのため機械が人間にとってかわり、世の中の働く仕組みを変え、生産する人々の絶対数を激減させた。

それは人間本来の、活躍の場だといわれてきた、サービス業においてさえ、システムの合理化は、人員をさほど必要としなくなり、正社員は契約（派遣）社員に切りかえられ、一方で大量のフリーターの出現をまねくこととなった。

フリー・アルバイターを縮めた造語のフリーターは、本来が青少年たち、いわゆる若者を対象にしたものであったが、最近では〝中年〟と呼ばれる世代の人々の中にも、急増している。この非正規雇用の形態が、目立って来たのは一九九〇年代半ばであったが、それはそのままデータ的にも証明が可能であった。

厚生労働省の雇用者に占める非正規雇用者の割合（非正規雇用率）は、一九八〇年代の半ば一〇数パーセントにすぎなかったが、今では四〇パーセント近くに達している。つまり、五人に二人が非正規雇用者ということである。

これは相当な知力の人、学歴の人でも、生涯フリー・アルバイターをしつづける人が、確実に増えることを明らかにしていた。無論、人間力のみを必要とする現場は、今も残っている。が、医療にせよ福祉にせよ、教育の現場であっても、農業・漁業・林業にしても、人間が最後の砦だといわれる世界はことごとく、個々にかかる負担が大きかった。

〝就職氷河期〟からみた未来

歴史的にふり返っても、フリーターという言葉が誕生、定着していく過程で、労働者派遣法が改正され、企業が責任を負わずに、簡単に労働力を確保できる世の中の流れができてしまった。

とりわけ、平成五年（一九九三）の大学卒業者から使われはじめた、〝就職氷河期〟の世代が、社会に出るようになって非正規雇用者は急増した。

あれからざっと、二十年が経過した今、日本は〝失われた二十年〟が延長したままの、江戸の元禄バブルの弾けたあとの頃と同じように、否、日本は未曾有の借金をかかえ、国家財政は破綻への道をひた走っている。

フリーターは希望のない、その日その日をただ生きるだけの生活に追われており、家賃と光熱費を払い、残った金で衣食を賄《まかな》う。ケガや病気をしても、なかなか病院には行けない。最後は国のセーフティネットを頼るしかない、といった心理的劣勢な生き方を強《し》いられている。ほかの生き方、可能性など考える精神的な余裕など、どこにもない、といわれれば事実、その通りかもしれない。

明日を、未来を考えたくない、考えられない、という人々は、企業のような組織で働く正規雇用者であっても、切迫した精神事情はかわらなかった。

重要ポストについている、と自ら認識している人ほど、異常な質量の雑務を押しつけられ、総じて疲れており、過労は精神疾患を発することが少なくない。深刻化すれば、自殺などということにもなりかねなかった。

このような現状の中で、ホイジンガに学ぶべきものがあるとすれば、彼のいう第三の道を夢と現実に折り合いをつけ、少しでも芸術家のように心豊かに生きる道を探し、実践することではあるまいか。

日本には不登校、ニート（仕事につかず、就学もしていないし、就労訓練も受けていない。あるいは、就労の意志のない人）、引きこもりなど、さまざまな問題をかかえた人々がいる。引きこもりだけでも、およそ七十万人いるという（平成二十五年度の内閣府調査による）。彼らは親などの保護者を失ってのち、どうやって生活していくのだろうか。

新聞や雑誌の報道によれば、三十五歳から五十四歳までの非正規雇用者は二百七十三万人を超えたという（女性は既婚者を除く）。筆者は近々、働き手の半分近くが正規雇用とは無縁の生涯を送ることになる、と考えている。

ところが皮肉なことに、こちらの方が実は、日本史的には本来の姿に戻った、といえるかもしれないのだ。

とくに平成三年（一九九一）からの日本は、戦前の昭和と酷似している。一般会計の歳出と税収を見ると、一目瞭然であろう。

それまで歳出に合わせて税収も増えて来たものが、バブル崩壊で歳入が大きく落ち込み、それにもかかわらず歳出は抑えられることなく、その差を広げている。

その足りない歳入を国債の発行が補っており、GDP（国内総生産）の二倍に達する一千兆円もの借金を、日本国は抱えることとなった。

一般会計の中で、伸び率が大きいのは国債費と社会保障関係費であり、公共事業関係費は、驚くほど動いていない。国債費は公債や借入金の償還・利払いなどに使われ、あたり前のことながら、国債の発行残高が大きくなれば、それに応じて額は増えていく。社会保障関係費は、年金や医療・介護に使われる経費で、雇用形態の変化や高齢化によって膨らんできた。

「大学は出たけれど」の異常な事態

平成二十年（二〇〇八）に、政策研究機関NIRA（総合研究開発機構）が発表したレポートに拠れば、前述の〝就職氷河期〟の世代が老人になった際、生活保護に関する予算は約十七兆円から十九兆円にのぼると試算されていた。

ここ数年、生活保護の給付総額は年間三兆円台であるから、約六倍となり、これは日本の一般会計予算の、およそ五分の一に相当する金額となる。

戦前の昭和五年度における、国家予算に占める軍事支出の割合は、二八・五パーセントであった。それが、アジア・太平洋戦争前夜の昭和十五年（一九四〇）には、七二・五パーセントとなっていた（大蔵省「決算書」より）。

戦前の軍事支出を、今日の国債費・社会保障関係費に置き替えて考えてみればよい。戦前の日本はある意味、わかりやすい社会であった。いかなる分野であろうと、資本家と労働者に二分され、労働者の大部分は日給月給＝ニコヨンと呼ばれる、日銭支給の生活を送る人々であった。江戸時代の、町人の手間賃と同じである。

すでにみた、昭和五年（一九三〇）の大恐慌のおりに、もしも、今風の流行語大賞があれば、間違いなく大賞をとっていたのは、「大学は出たけれど」であったろう。

これは前年に封切られた、小津安二郎監督の映画の題名であった（主演は高田稔《みのる》・田中絹代《きぬよ》）。

消費生活においてトップを切るものはつねに没落した中産階級である。上流階級の享楽生活は回顧的であり、下層階級のそれは追随的である。〈中略〉しかるに没落した中産階級であるところの有識《ゆうしき》無産階級は、西洋映画とスポーツとカフェーのなかに生の喜びを見いだすのである。
（大宅壮一《おおやそういち》著『モダン層とモダン相』）

右で評論家の大宅のいう、「没落した中産階級」とは知識層《インテリ》及び俸給生活者《サラリーマン》が主体であった。彼らは昭和初頭、アメリカ文化の洗礼を受け、機械文明、大量生産による自動車・飛行機・映画・ラジオなどの文明の利器を知り、大いに触発され、カフェー、ダンス、ジャズなどの文化にあこがれた。

そのモダンライフの特徴は、刺激があっても感激がない、というものであった。「昨日」もなければ、「明日」もない。あるのはただ、人工的に作られた強い感覚と刺激――つまり、刹那《せつな》のみ。なにやら、昨今と比べたくなる時勢である。

その彼らの代表＝大学出の学士が、職にありつけないという、明治・大正とあり得なかった異変に遭遇した。

当時の大学・専門学校卒の就職率＝正規雇用率は、関東大震災の大正十二年（一九二三）であっても七九・八パーセント、金融恐慌の昭和二年（一九二七）でも六四・七パーセントであった。ところが、世界恐慌の年＝昭和四年には五〇・二パーセントまでさがり、昭和六年にはついに三分の一となってしまった。

当時の大学は今日の比ではなく、極めて価値の高い存在であったが、それでも無事、卒業しても就職ができない人々が、日本中にあふれた。戦前の〝超氷河期〟といってよい。

国家財政破綻を食い止める手段

平成二十七年度の税収は、三年前に比べて十兆円以上増えている。にもかかわらず、三十六・九兆円の新規国債を発行しなければ予算が成立しなかった。このまま借金が雪だるま式に膨らめば、筆者は平成三十三年（二〇二一）には国家財政は破綻するのではないか、と懸念している。これから数年後に、筆者は戦前の昭和恐慌と同じような時代がくる、と考えてきた。

少子高齢化、ＧＤＰの二倍に達する巨額の借金——この二つをリンクして考えるしか、方法はあるまい。長すぎる老後に不安をかかえるのであれば、その老後自体を短くする手法を考え出せばよいのではないか。そのためには、「心学」であろう。心豊かに生きていく方法論の延長には、好きを仕事とする道も、わずかながら開けている。

存命中に世に認められなかった、芸術家は多い。

多少なりとも、趣味や道楽がお金になるならば、それはそれで励みになる。

そうすれば、公的年金の支給が六十七、八歳から、あるいは七十歳になっても、生きて行くうえでの不安は、軽減できるはずだ。

思いかえせば平成六年（一九九四）に、年金改正がおこなわれ、支給年齢を段階的に六十五歳まで引き上げることが決まり、平成十年（一九九八）四月からは、六十歳定年制が始まった。アメリカでは年金開始年齢が六十七歳、ドイツも同じ。イギリスは六十八歳であると聞く。七十歳からの年金支給が、日本でおこなわれる日も決して遠いことではあるまい。

一方で、高齢者の就業率は日本の場合、決して低くはなかった。平成二十五年（二〇一三）四月からは、改正高年齢者雇用安定法により、企業は希望する従業員全員を、六十五歳まで雇用する義務を負っている。

今の若い人の多くは、たとえ低収入でも幸福感を抱いて、暮らせる人は増えているらしい。問題なのは、バブルの時代にその果実の享受にあずかった世代、あるいは参加しなかったが空気に触れた世代であろう。生活の物質的な貧しさを嘆かず、今ある現実の中に、心の豊かさを捜すべきではあるまいか。

昭和恐慌の中で会社が倒産し、あるいは業績低迷によって解雇されながら、職が決まらず途方に暮れる中で、家族が一丸となって結束し、夫や父親を奥さんや子供の存在が、からくも救ってくれ、苦境での自滅を食い止めてくれた、という話は当時の月刊誌や婦人雑誌にあふれている。

一方、小遣いの減ったご主人やお父さんは、退社後、まっすぐ家路につく。そこには家族団欒《だんらん》の食卓が待っており、奥さん、お母さんの工夫した鍋が待っていた。鍋料理は、コストを抑えることのできる代表的な料理として、当時、しきりと紹介されていた。今日一日のことを家族で互いに話し合い、食後には流行のジャンケンをしたり、トランプ遊びに興じたり、新聞記事について子が親に尋ねたり、ともに童謡をうたったりと、どん底の時代といわれる中にあっても、心豊かに生きようとした人々は、決して少なくなかった。

もともと日本には、精神を貴《たっと》ぶ〝清く正しく美しく〟、そして貧しくという文化があったではないか。貪《むさぼ》らない心を良しとしてきた、長い長い伝統があった。要は本心それを思えるか、単なる逃げ口上《こうじょう》とするかの違いであろう。

ホイジンガの第三の道——その日本版と考えてもよい。

これまで登場した石田梅岩や鈴木正三、兼好法師、鴨長明といった人々の、心の涵《かん》養《よう》（自然にしみこむように養成すること）を思い出していただきたいものである。

橘曙覧の心

近年、筆者が〃心の豊かさ〃について、最もひかれる人物に橘曙覧《たちばなのあけみ》がいた。その心豊かな生き方が、心の底からうらやましくてしかたがないのだ。

明治になって、日本の短歌をよみがえらせたとまでいわれている正岡子規《まさおかしき》をして、

「万葉を学び万葉を脱し、〈中略〉歌想豊富なるは単調なる万葉の及ぶ所にあらず」

「歌人として（源《みなもとの》）実朝《さねとも》以後たゞ一人なり、〈中略〉彼を賞讃するに千言万語を費すとも過讃にあらざるべし」

とまで、絶賛されたのが橘曙覧である。

「趣味を自然に求め、手段を写実に取りし歌、前に万葉あり、後ろに曙覧あるのみ」とも。少しオーバーな言い方が許されるならば、筆者はこの歌人（本来は国学者）の半生にこそ、二十一世紀を生き抜くわれわれの、最大のヒントがある、とまで考えて来た。それはこれからの新しい「心学」の、目指す方向とも重なっているように思われる。

とりわけ、曙覧の詠んだ「独楽吟《どくらくぎん》」五十二首は、率直な詠みぶりにこの人物の人柄がよく現われており、志向や持ち味を伝えて余すところがなかった。あっぱれな生き方と、いうほかはない。

橘曙覧

こころみに、頭から順に少しあげてみる
（「春明艸《はるあけぐさ》」・『橘曙覧全歌集』所収）。

たのしみは艸《くさ》のいほりの筵敷《むしろし》き
ひとりこころを静めをるとき

たのしみはすびつ（いろり）のもとに

うち倒《たお》れ
ゆすり起《お》こすも知らで寝し時

たのしみは珍《めずら》しき書人《ふみ》にかり
始め一《ひと》ひら（一枚）ひろげたる時

たのしみは紙をひろげてとる筆の
思ひの外《ほか》に能《よ》くかけし時

筆者はこれほど素朴で、味のある歌を、橘曙覧に出会うまで見聞したことがなかった。一番のお気に入りをあげろ、といわれれば、迷わず次の一首をあげたい。

たのしみは妻子《めこ》むつまじくうちつどひ
頭《かしら》ならべて物《もの》をくふ時

これに尽きた。家族団欒《だんらん》の様子が、手にとるように目前に浮かぶ。

彼の日々のまずしい生活を知れば知るほど、本心、しあわせをかみしめる曙覧の生き方に、羨望《せんぼう》と妬《ねた》みをすら禁じ得ない。彼の日常には豊かな、心から楽しげな笑いがあった。

笑いこそ、人生の特効薬

先に、キリスト教における〝神〟についてふれた。

心理学では、社会的に一般化された行動様式を「社会的規範」と呼ぶ。

この規範が宗教そのものである国においては、その教義に従って行動しなければ、広い意味での「制裁」を受けた。処罰・非難・嘲笑などで、興味深いのはこの規範が、個人のなかに内面化されると、人は無意識のうちに「制裁」を回避すべく行動する。

つまり、宗教は社会的事実としても人間の行動を外側から規制し、一方で心理的事実として人の行動を内側から規制していた。

キリスト教のような神になじまない日本では、この〝神〟の役割を果して来たのが、つねに「世間」であった。「世間」の規範＝「世間体《せけんてい》」からはずれると、日本人は多種の「制裁」を受けねばならなかった。その一つに、笑いがある。

かつてH・ベルクソンの『笑い――おかしみの意義についての試論』（林達夫訳・岩波文庫）を読んだことがあるが、氏は笑い＝「おかしみ」（滑稽）と受け取っていたようで、おそらくこの人には「ジャパニーズ・スマイル」と欧米の人々から当惑され、ある種の侮蔑を投げかけられて来た日本人の微笑《えがお》が、理解できまい、と思ったものだ。

キリストのような〝神〟を持たない日本では、「世間」に多種多様の笑いが存在した。敬愛する諸橋轍次《もろはしてつじ》の大作『大漢和辞典』の索引で拾うと、「ワラフ」「ワラヒ」の意味する漢字は、何と六十五字もあった。講談社版の『大字典』では十字、取りあげられていた。必要なところだけを、次に抜き書きしてみる。

「咍」＝咍笑《かいしょう》（わらうさま）、咍々《かいかい》（たのしみわらうさま）。
「呵」＝呵呵《かか》（からからとわらうさま。叱るさま。呵叱《かしつ》）。
「哂」＝あざわらう。哂笑《ししょう》（わらう）。

「咲」＝笑の古字。

「笑」＝わらう、わらい。えむ、えみ。

「咲」＝笑の俗字。

「唖」＝わらう。唖々《ああ》（からからとわらうかたち）。唖然《あくぜん》（わらうかたち）。

「喔」＝わらう、へつらいわらう。喔咿《あくい》（しいてわらうさま。つくりわらい）。

「嗤」＝あざわらう。軽蔑してわらうさま。嗤易《しいい》（あなどりわらう）。嗤笑《ししょう》（あざわらう）。嗤侮《しぶ》（あなどる）。嗤戯《しぎ》（ふざける）。

「哂」＝顔をくずさないで、わらうこと。

「笑」以外、いずれも口偏がついている。「笑」も一説に、「咲」が古字だという。「笑」も「咲」も、ともに「エム」と読む。割《わ》るが変化して「ワラフ」となったというから、「エム」はつぼみが綻《ほころ》んで花が咲くような、人々の口もとの表情ということになろうか。

大伴家持と吉田兼好の笑い

そういえば、『万葉集』の巻十六には、他人を「ワラフ」――からかい笑う歌がいく首か載っていた。「佞人《ねじけびと》を誚る歌《そし》」というのもあった。

筆者の好みであげるならば、「痩《や》せたる人《ひと》を嗤咲《わら》ふ歌二首」――かの大伴家持《おおとものやかもち》の傑作をお薦したい。

石麿《いしまろ》にわれ物申《ものまを》す夏痩《なつやせ》に
　良《よ》しといふ物そ鰻《むなぎ》取り食《め》せ

吉田連老《よしだのむらじおゆ》、別名を石麿という家持の友人は、ひどく痩せていて、骨と皮だけであったようだ。彼の夏バテをみかねた家持が、鰻を食べろといい、少し食べたらどうだ、と勧めたのだが、相手は聞かない。

痩《や》す痩《や》すも生《い》けらばあらむをはたやはた

鰻《むなぎ》取ると川に流るな

「しかしなァ、いくら痩せているとはいえ、やっぱり生きていることが何よりだろうよ。鰻を捕ろうとして、川で溺れ死んだら、それこそ元も子もないじゃないか。あなたも気を付けるがいいよ」

家持はこれを聞いて、大いに嗤咲《わら》ったことであろう。笑いは人々の生活を、心豊かなものにしてくれる。遊び心があれば、次の吉田兼好が頓阿《とんあ》に贈った一首も、大いに楽しめるに違いない。

よも涼しねざめのかりほた枕も
ま袖も秋にへだてなきかぜ

五七五七七の各々、最初の言葉をつなぐと「よねたまへ」となる。つまり米《よね》をくれ、といっているのだ。次に五七五七七の、各々の最後の言葉をつないで下から読むと、「ぜにもほし」＝銭も欲しいとなる。兼好法師は米と銭を頓阿に無心したのだが、さすがにその友も似たもの同士であった。

よるもうしねたくわがせこはては来ず
なほざりにだにしばしそひませ

同じように並べると、「米《よね》は無《な》し」「銭少し」となる（『続草庵集』雑体）。
橘曙覧の歌には、これらより上等な、人生のすべてを温かくつつみ込む笑いがあった。

相次ぐ肉親の死を乗り越えて

文化九年（一八一二）五月、越前福井藩三十二万石の城下、石場町《いしばちょう》（現・福井県福井市つくも一丁目）に曙覧は生まれていた。ちょうど、ヘンリー・D・ソローが生まれる五年前にあたる。
橘曙覧の父は紙筆墨商を営み、一方で家伝の薬「巨朱子円《こしゅしえん》」の製造販売もおこなう老舗の主《あるじ》であった。母は酢醸造元の出で、曙覧は恵まれた商家の次男に生まれている。長兄が逝死して、嫡子となった。

先祖を橘諸兄《たちばなのもろえ》（六八四〜七五七）とするこの家は、橘宗賢《むねかた》家の庶流であり、福井橘七屋敷（七邸）の一《いっ》の直流で、数えれば三十九世の子孫が曙覧になるという。彼の通称は五三郎、諱は茂時《しげとき》、のちに尚事《なおこと》と称した。

「あけみは赤実にて、その橘姓の縁に由《よ》れるなり」

と「曙覧」と改名したのは、嘉永七年（一八五四）の四十三歳のときであった。

ほかに屋号を松戸《まつのと》、長春栖《ちょうしゅんせい》、黄金舎《こがねのや》、藁屋《わらや》などと称した。

彼はその恵まれた家業・家産を、六歳年下の異母弟・宣《せん》に譲って別家となり、生涯を福井に居住しつづける。

「権勢を望まず富貴を求めず、藩主（松平慶永《よしなが》＝春嶽《しゅんがく》）から勧められた出仕をも辞し、清貧に甘んじ、風雅の生活に歓びを求め」た変り者で（水島直文・橋本政重編注『橘曙覧全歌集』の解説）、慶応四年（一八六八）八月二十八日に五十七歳で病没している。「明治」と改元される、わずか十日前のことであった。坂井郡大安寺村（現・福井市田ノ谷町）の、臨済宗妙心寺派萬松山大安寺《ばんしょうざんだいあんじ》に葬られた。

曙覧の心豊かな人生は、一面、肉親の死の連鎖が大きく作用していたように思われる。二歳で生母と死別し、父に迎えられた異母も彼が十歳のおりに他界。父は三度目の妻を娶って一女を儲けたが、その父も曙覧が十五歳のおりにこの世を去っていた。母、異母、父とつづいた死が転機となったものか、曙覧は仏法に帰依し、十八歳のおりには京都にあがると、儒者で詩人の頼山陽《らいさんよう》の門人・児玉旗山《こだまきざん》の塾に入っている。

しかし、こうした学究生活を周囲が許しておくはずもなかった。後見していた伯父・志田垣五次郎によって、曙覧は児玉塾から数ヵ月後、国許へ呼び戻されることになる。天保三年（一八三二）四月十日、三国港《みくにみなと》の「海津屋」酒井清兵衛の次女・奈於《なお》（直子）を娶った曙覧は、このとき二十一歳（奈於は十七歳）。

結婚させて落ち着かせ、家業に身を入れさせようと計った伯父が、結婚の翌年に没したことから、曙覧は好むと好まざるとにかかわらず、家業を正式に継ぐことになる。だが、俳諧・書道・漢学・古典文学など、曙覧は思いのままに学ぶことを止めなかった。彼は家業・家産のことごとくを異母弟・宣に譲り、飄然《ひょうぜん》と城南・足羽山《あすわやま》に移り住む。

二十五、二十八、三十五と諸説あるが、いずれにしても隠居の余生を送る年齢ではない。彼は人生のほぼ真ん中で、国学者としての研鑽三昧の生活に入ったことになる。井手今滋《いでいましげ》著の『橘氏泝源《きっしそげん》』によれば、天保七年（一八三六）に曙覧の第一女の吉子が生後まもなく夭死、翌年生まれた次女も同じく夭死していた。

さらに追い打ちをかけるように、宗家の橘宗賢邸が大火の類焼により焼失してしまう。これらの出来事が、曙覧の生き方を変えたのかもしれない。

ここまでお読みいただいた読者諸氏には、彼の胸の内がわかっていただけるのではあるまいか。なるほど、家督を弟に譲っても、実家の援助はゼロというわけではなかったろう。だが、曙覧の素直な歌を読むと、彼は心底、清貧な生活を楽しんでいたことが知れる。

たのしみは物をかかせて善き価《よきあたひ》
　惜《を》しみげもなく人のくれし時

たのしみはあき米櫃《こめびつ》に米いでき
　今一月《いまひとつき》はよしといふとき

たのしみは銭《ぜに》なくなりてわびをるに（困っている時に）
　人の来たりて銭くれし時

その生活ぶりは、決して楽なものではなかったように思われる。

少なくも、実家をあてにする生活ではなかった。彼の歌には、収入を得た時の喜びが、素直に述べられている。それでいて曙覧の魅力は、五歳年上の中根雪江《せっこう》が参政となり、藩主であった春嶽が、将軍継嗣問題で大老・井伊直弼《なおすけ》に敗れて隠居謹慎を命じられたとき、城中での古典や物語の進講をしてほしい、と薦められたにもかかわらず、これを固辞してついに受けなかったところにも如実であった。

彼は人一倍、人の生命《いのち》の尊さを知っていた。が、日々の家族との生活の中で、分限を越えた蓄えや貯金をしていない。

曙覧は物質的な豊かさが、決して精神的やすらぎを生み出さないことを、体験的に自覚していたのである。

終章

夢を形に

不可解な人・良寛

橘曙覧と一見よく似た生き方をしたように見えながら、実は真逆の人生を送ったのが、〝大愚《たいぐ》〟と号した良寛《りょうかん》だった。

最初にことわっておくが、筆者は今もってこの人物の魅力がわからない。読者諸氏の、判断に委ねたい。

宝暦八年（一七五八）といえば、多くの大名家が財政破綻に瀕《ひん》し、藩政改革をせざるを得なくなった頃――この歴史上の転換期に、越後国の出雲崎《いずもざき》（現・新潟県三島郡出雲崎町）にあった、米穀商「橘屋」に跡取息子が生まれた。父となった以南《いなん》（号）は、悲願をこめてわが子に、栄蔵と名づけている（諱は文孝《ふみたか》）。

「橘屋」は以前、佐渡へ送られる米をおもに商い、産をなし、当主は代々、名主をつとめるほどの分限であった。ところが、天下に轟《とどろ》いた佐渡の金銀も、いつしかその採掘量が減少し、鉱山経営は赤字に転落。佐渡は一気に、不景気となった。

当然のごとく人口も減少し、米は売れなくなり、出雲崎の「橘屋」も没落への坂を転がることになった。栄蔵の祖父・山本新左衛門には、新之助という子供があったものの早逝《そうせい》し、家は分家筋のおのぶ（秀子）に与板《よいた》（現・新潟県長岡市）の割元《わりもと》庄屋・新木富竹《とみたけ》の二男・重内《じゅうない》（以南）を娶《めあわ》せて夫婦養子とすることで継承された。

以南には、「橘屋」家運の挽回《ばんかい》が期待されたが、この人は文人肌であまり商いにはむいていなかったようだ。港町・出雲崎では縮小する利益をめぐって、激しい争奪戦がおこなわれたが、以南は商敵・京屋に度々、煮え湯をのまされ、それに嫌気がさした以南は、風流の世界へ自ら逃避することが多くなった。

結果、傾いた家運の再興は次代の栄蔵、すなわちのちの良寛に期待されたのだが、この人物は幼少の期から、父に輪を掛けて周囲に行く末を心配されるような、およそ現実離《ばな》れした子供であった。

良寛

よくいえば純情とも受け取れたが、愚かといえばこれも否定できない。今日ならおそらく、発達障害と診断されたに相違ない。
たとえば、大正三年（一九一四）に刊行された『北越偉人沙門《しゃもん》良寛全伝』（西郡《にしごおり》久吾《ご》著）には、少年時代の良寛の、朝寝坊をして父親に叱《しか》られた話が載っていた。

その時、八、九歳の栄蔵は、つい、父親を上目遣《うわめ》いでみてしまった。

そこで父が、「父母を上目でにらむような子は鰈《かれい》になるぞ」というと、少年はそれを信じて海岸でずっと、佇《たたず》んでいたというのだ。わが子が鰈になると思い込んで、立っている姿をみせられた以南は、さぞや愕然《がくぜん》、暗澹《あんたん》たる思いを抱いたであろう。

一般の「世間」という規範を、良寛はそもそも理解できなかったようだ。

明和五年（一七六八）頃から、親類の家に下宿して漢学塾・三峰館（狭川塾）へ通った良寛は、師や友人にめぐまれ、学問に打ち込んでいる。が、彼はそれをもって世に立とうとは考えなかった。十六歳で名主見習いに出た良寛は、この時点では「橘屋」を継ぐつもりでいたようだ。

親を捨て、故郷を出奔

しかし、彼の本性は幼少の頃といくらも変わっていなかった。ときに、出雲崎の代官と漁民の間に対立が起きた。名主見習いとして、良寛はこれを調停すべき任にあったにもかかわらず、前出の『北越偉人沙門良寛全伝』に拠《よ》れば、「代官に対しては漁民の悪口・雑言も其《その》ままに上申し、漁民に向ひては代官の怒罵《どば》・痛嘲《つうちょう》をも飾りなく通達（後略）」——互いのいい分をよく聞き、できるだけ円満に運ぶべき役目の者が、何の配慮もせず本音を相手方に伝えては、まとまる話もまとまらない。事態は火に油を注ぐ結果となった。家族のみか地域の人々にも、良寛の人となりを疑問視する向きが増え、やがて嗤笑《ししょう》（あざわらう）する者が現われた。

学問を通して理想的な人物を目指した良寛は、周囲の嘲《あざけ》りに耐えられなくなり、ついには出奔してしまう。安永四年（一七七五）、十八歳のおりのことであった。

何ゆへに家を出でしと折《おり》ふしは
　心に愧《はぢ》よ墨染の袖

曹洞宗の光照寺《こうしょうじ》へ駆け込んだ良寛は、「沙弥《しゃみ》」（半僧半俗）のまま、出家を次なる人生の目標にすえ、参禅にはげむ。四年間、玄乗破了《げんじょうはりょう》和尚について修行し、二十二歳のおり、備中玉島《たましま》（現・岡山県倉敷市玉島）の円通寺《えんつうじ》・大忍国仙《たいにんこくせん》和尚が立ち寄ったことから、この人について円通寺へ。髪を剃《そ》り、「大愚良寛《たいぐ》」と名を改め、ここから本格的な禅僧としての修行に入る。

父はわが子が再び、中途で挫折しまいかを案じ、そのことを厳しく諫《いさ》めた。母は涙を流して、わが子との別れを悲しんだ。

さて、十一年間の修行のはてに、良寛を待っていたものは——。

名僧国仙はついに、寺の住持となれる伝法（嗣法《しほう》）を、良寛にはさずけなかった。首座《しゅそ》（立職《りっしょく》）——つまり、その手前までしか、良寛は進むことができなかったのである。どういうことか。鈴木正三が述べた如く、禅は「不立文字《ふりゅうもんじ》」「教外別伝《きょうげべつでん》」というように、言葉や理屈で悟ることを認めておらず、ひたすら坐禅と作務《さむ》にはげむことで、一つの仏性《ぶっしょう》を受けとめるものとされてきた。

瞑想すべきものを、良寛は頭で理解しようとする。なまじ漢学塾でがんばったことが、ここでは裏目に出てしまった。

国仙について三十年、参禅も読経もしないで、ただ食事を司《つかさど》る「典座《てんぞ》」をつとめてきた、二まわり年上の兄弟子・仙桂《せんけい》を、ただの農民と変わらない、と小馬鹿にしてみたり、師に対して、その禅風を直接、問うなどという、あってはならないことを平気でやっている。国仙和尚は、言葉や文献で禅宗を理解しようとする良寛をいさめたが、結局、この愚かな弟子にはそれが理解できなかったようだ。

伝法になれなければ、師を別に一から修行をやり直さなければならない。が、国仙は良寛がそれに耐えられない、と配慮した。だからこそ、寺はむりでも、せめて庵《いおり》は結べる印可状を出し、どうにか生きていけるように、と配慮したのであった。

「虎を描いて猫にも成らず」

だが、良寛はこうした師の心づかいからも逃げ出し、名を遍参行脚《へんさんあんぎゃ》の修行に借り、乞食僧姿で托鉢をしつつ諸国を歩く。実は、良寛は西行《さいぎょう》法師にあこがれていたようで、その足跡が伝えられる地を巡りながら、歌僧をめざしていた形跡がある。

商家も継げず、逃げ込んだ禅寺も全《まっと》うできず、多少、心得のある学問で和歌をよみ、自然風流の中に遊化《ゆうげ》しようとして、これも四、五年やって途中で諦《あきら》めてしまった。

いまさら僧堂に戻っての、修行のやりなおしもできない。かといって、諸国を流れるのにも不安を感じ、心身ともに疲れて進退きわまった良寛は、この愚孱《ぐせん》（おろかでかよわい）の中で、父の以南が京都の桂川に入水《じゅすい》したことを知る。

「少年、父を捨てて他国へ奔《はし》る。辛苦《しんく》、虎を描いて、猫にも成らず」（『良寛全集』）。

父を捨てて故郷を出奔し、苦労して修行をしたといいながら、まったく未熟で何ものにもなれず、禅も終わってしまった、と彼は自作漢詩の中で独白していた。

曹洞宗では開祖の道元が、「禅者は故郷へ帰ってはいけない」と戒《いまし》めている。普通に考えれば心改めて、亡き父のためにも修行をやり直してしかるべきだと思うのだが、良寛は違った。戒律を平気で破り、あろうことか故郷へ舞い戻る。実家にあがることは、さすがにできない。曹洞宗の寺にも近づけない。彼は周辺をうろつき、海岸の塩たき小屋を勝手に、仮の宿とする。

そのうち、地域の人々に面《めん》が割れた。

「あの乞食坊主は、出雲崎の名主・橘屋の倅《せがれ》だよ」

人々に知られるようになり、家からは弟の由之《ゆうし》が愚兄を迎えに来た。良寛はその言にはしたがわず、橘屋から送られてきた衣服なども送り返ししまつ。

彼を贔屓《ひいき》にする人は、これを潔《いさぎよ》いとうけとるが、筆者はいまだ人生を悟りきれない、乞食僧の未熟をそこに見る。

加えて、漢学塾の頃の友人が奔走し、国上山《くがみやま》の山腹にある国上寺《こくじょうじ》の、五合庵《ごごうあん》やそのほかを捜してくれると、良寛は唯々諾々《いいだくだく》とそれに従っていた。国上寺は真言宗の寺である。かりにも禅宗で修行した者が、その廂《ひさし》を借りようとは――。

この地に居付いた良寛を、文化十三年(一八一六)八月、新津《にいつ》(現・新潟市)の大安寺で医師をしていた、文人の坂口文仲《ぶんちゅう》(作家・坂口安吾《あんご》の曾々祖父)が訪ね、半日、歓談したことがあった。帰宅した文仲は、

「あの男はただの、にせ道人にすぎぬ」

と家人にいい、書き交わした歌稿をすべて、人々にやってしまったという。

良寛は幼少の己れを知り、その実家を知る人々の中に居座った。人生から逃げつづけた不甲斐《ふがい》のない愚か者として、さげすみの目にさらされながら、糞掃衣《ふんぞうえ》の一衣《いちえ》一鉢《いちはつ》、托鉢行脚をつづける乞食僧として、その後も現地に生きつづけた。

大愚は大賢に通じたか

学問でも、禅の修行でも悟れなかった中途半端な人間が、故郷という針の蓆《むしろ》に十年、

二十年とすわりつづける——これは見方を変えれば、尋常なことではなかったろう。良寛はここで、己れの人生を達観したのかもしれない。

江戸で著名な漢学者で、書家でもあった亀田鵬斎《かめだほうさい》は、良寛に出会って、「喜撰《きせん》（生没年不詳・平安時代の歌人、六歌仙の一《いつ》）以後、此《こ》の人なし」

と、その奇人ぶりに驚いている。

五十九歳の良寛は、上り下りが足腰にこたえると、五合庵から麓《ふもと》の乙子《おとこ》神社の草庵に移った。ここは国上の村落とも近く、子供たちがしばしば遊びにおとずれた。

彼はそうした子供たちと春になると若葉を摘み、毛毬《けまり》をついて一緒に遊んだという。こうしたとき、良寛は鉄鉢《てっぱつ》を道の辺《べ》に置き忘れてしまうこともあった。

この鉄鉢は、彼にとって生命《いのち》に匹敵していた。この鉢で朝は顔を洗い、庵にもどればこれで手足を洗った。この鉢で味噌も擂《す》れば和《あ》えものも作り、水も飲む。むろん施《ほどこ》しをうけるのも、この鉢であった。

それを子供たちとの遊びに熱中して、忘れて帰る良寛は、その純真な生き方をようやく、周囲にも認められるようになり、彼の独創的な書は、多くの人々の求めるものとなる。六十九歳になった良寛は、三十九歳の貞心尼《ていしんに》——夫に離縁された女性——と恋をした。のちに貞心尼は良寛と交わした相聞歌《そうもんか》を集め、歌集『はちすの露《つゆ》』を稿本として残した。

文政十一年（一八二八）十一月十二日の早朝、大地震が三条（現・新潟県三条市）を襲った。幸い良寛には被害はなかったものの、与板の山田杜皐《やまだとこう》に送った見舞いの手紙には、次のように書いている。

「――しかし、災難に逢《あう》時節には災難に逢うがよく候。死ぬ時節には死ぬがよく候。これはこれ災難を逃《のが》るる妙法にて候」

自然随順《じねんずいじゅん》――運を天に任す生き方に、晩年の良寛は悟りを見出したようだ。

「牛涯身を立つるに懶《ものう》く、騰々《とうとう》として天真《てんしん》に任《まか》す」

天保二年（一八三一）正月六日、良寛はこの世を去った。享年、七十四。

貞心尼に与えた辞世の句とみなされるものは、次のようであった。

裏《うら》を見せ表《おもて》を見せて散るもみぢ

この人物の最期を、読者諸氏はどのように評されるであろうか。先述の「天真」は自然のままで、飾りけのないことの意だが、筆者には梅岩の「心学」、橘曙覧の生き方とは、大いに趣《おもむき》が異なるように思われてならない。

良寛は千数百首の歌を詠んだが、はじめは『古今和歌集』『山家集』などの影響があったものの、やがては万葉調への傾斜が顕著になったという。

心こそ心まどはす心なれ
　心の駒の手綱ゆるすな

憂きことのなほこの上に積《つ》もれかし
　世を捨てし身にためしてやみむ

良寛と似て非なる一休

彼の漢詩にも、同じことがいえるのだが、良寛の作品には己れの生き方を自讃するものが少なくないが、筆者にはそれらが何ら前向きさのない、人々の中で沈潜するだけの、独善的で退嬰《たいえい》的な生き方に思えてならないのだ。

橘曙覧のように、心に響く実感がない。共鳴ができないのである。その生き方をうらやましいと思うよりは、ただただ情けなく、人間の弱さのみを突きつけられ、人生を逃げただけの、本当の意味では悟れなかった〝大愚〟の、地べたに開き直った生涯に思えてならないのだ。

「汝自身を知れ——」

これはソクラテス哲学の原点だが、良寛の生涯は「自身など知らなくてもよい」と答案に書いたように思われてならない。「心学」が説きつづけたのは、心の葛藤を前向きに解決しようとするものであり、人間のもつべきすべてを捨てて、ただ虫のように生きることとは大いに異なっていた。

やはり、自らを知らなければ、現状を打破することはできない。筆者は虫に悟りはない、と思っている。

——ここに、良寛と似て非なる破戒僧・一休《いっきゅう》がいた。

正月元旦《がんたん》に、頭骸骨《ずがいこつ》を竹の杖にゆわえつけ、家々の門口に立ち、

「ご用心、ご用心」

とふれてまわった、と伝えられる一休宗純《そうじゅん》は、正月から縁起でもない、と顔を曇らせて怒る人々に、なおも、

「――この髑髏《どくろ》よりほかに、めでたきものなし。目出たる穴のみ残りしをばめでたしというなるぞ」

といったという。また、

門松や冥途《めいど》の旅の一里塚
　めでたくもありめでたくもなし

と謡《うた》って歩いたとも。

後世の人々は、頓智《とんち》の「一休さん」を思い浮かべるかもしれないが、その目は生死の無常を見つめ、眼光は鋭く光り、生を見つめず死を凝視せぬ、一般の人々への痛烈な警告に光り輝いていた。

そもそも、小僧の頃から大人をやり込め、長じて奇行をもって世人を警醒《けいせい》した高僧――こういったイメージは、江戸時代に成立した『一休咄《ばなし》』『一休関東咄《かんとうばなし》』『一休

可笑記《かしょうき》』といった、流布本がつくり出した無責任な虚構であり、実際の一休和尚は、まったく異なった、見方によっては壮絶で途方もない生涯をおくった人物であった。

天災と戦乱が人々を襲っていた室町時代の最中——明徳五年（七月に応永と改元・一三九四）正月元旦に、一休は後小松《ごこまつ》天皇（第百代）の子として生まれた、と『一休和尚年譜』にある。

死に損なって傾《かぶ》く

もっとも、一休本人は己れの出生について、生涯、何ひとつ語っていない。ただ、『一休和尚年譜』は、死去＝示寂《じじゃく》ののち、時を置かず、一休の弟子であった祖心紹越《そしんじょうえつ》、没倫紹等《もつりんじょうとう》らによって編纂されたものであり、その信憑性は高かったといえる。

それによれば、一休の母は南北朝の南朝に仕えた、藤原氏の流れをくむ女《ひと》であったという。それゆえ、北家出身の後小松帝の生命《いのち》を狙っている、などと讒言《ざんげん》されて宮廷を追われ、庶民の戸籍に入り、そのなかで一休を出産したという。

彼の生まれる二年前の、閏十月に南北朝合一《ごういつ》は実現していた。

が、それまで五十六年に及んだ両朝間の感情的対立は、容易には解けず、その余韻はいまだ尾を引いていたようだ。そうした時代背景の中、生を受けた一休は、六歳で京都の安国寺・象外集鑑《ぞうがいしゅうかん》のもとに童行《ずいなん》（得度《とくど》していない少年僧）となって預けられる。侍童《わらべ》であるが、一休を監視する目的も、あったかもしれない。

師の象外は夢窓国師《むそうこくし》の流れをくむ人で、彼は一休に「周建《しゅうけん》」の法名を与えた。

少年時代の一休は、勤勉な毎日を送ったようだが、天龍寺地蔵院をはじめ、幾つかの寺を転々としている。どうやら彼は、若くしてその学才を高く評価される一方、当時の京都五山をはじめ、幕府の庇護を受ける禅宗の大寺院――そこに在籍する僧侶たちに、大いなる疑問、反発を抱いていたようだ。

武家や公家の、貴族の子弟である僧たちは、各々の家柄を自慢し合い、己れが大寺においていかに栄達するか、それのみに汲々《きゅうきゅう》としていた。一休はそれらを聞くと、耳をふさいで立ち去ったという。

すこし禅がわかるようになると、一休は厳しい修行を求めて、師を自ら探し回り、西金寺《さいこんじ》の謙翁宗為《けんのうそうい》に師事した。謙翁は名門・妙心寺から幾度も招きをうけながら、それに応じず、門を閉ざして修行をつづけていたというから、一休の肌合いと同じ硬質の人であったのだろう。五年間、禅の修行を積んだが、二十一歳になった一休は、この最愛の師を寿命で失ってしまった。

落胆した彼はなんと、琵琶湖に身を投げて死のうとする（のちに、五十四歳のおりにも一休は自殺をはかっている）。ところがその時、六歳で別れた母の面影が現われ、からくも寸前、死を思いとどまったという。

死にそこなった一休は、琵琶湖のほとり、堅田《かたた》（現・滋賀県大津市）にあって、峻厳《しゅんげん》をもって世に聞こえた華叟宗曇《けそうそうどん》の門を叩いた。何度も追い返された末、ようやくの入門を許される。現在の大津市本堅田にある臨済宗大徳寺派祥瑞《しょうずいじ》寺で、一休は自らに厳しい修行を課す。

華叟和尚は臨済の正統を受け継いだ人で、大徳寺二十三世となった身でありながら、本人は本山大徳寺に住することなく、権門栄達をはなれて堅田に結んだ小さな庵《いおり》に、清貧のまま生涯を終えた人でもあった。なるほど、一休好みである。十年間、一休はその弟子として仕え、「一休」の名前を華叟から授けられた。

破戒僧の厳しい戒め

もっとも本人は、自らを「狂雲《きょううん》」と称していた。これから派手やかになる一休の奇《き》矯《きょう》な言動は、この時期、すでにその叛骨精神を大いに充電していたのかもしれない。

五年後、悟りを開いた僧侶に与えられる証明書「印可状」が、華叟から授けられた。

ところが一休は、これを何と、火中に投じて焼き捨ててしまう。

「印可状は権威にすぎない。それにおもねってはならぬ」

彼の声が、聞こえてきそうだ。剣の世界でも、芸道でも、あえて師からの免許状を否定する者が世上にはいるが、その胸中は同じであったに相違ない。

一休にすれば、己れの小さな達成をよろこんでいるどころではなかった。

世の中は飢餓、貧困、戦《いくさ》がかさなり、室町の世の秩序が崩れはじめていた。

庶民は日々の災難におそれ、おののき、多くは宗門にすがろうとしたが、肝心の宗教をつかさどる人々は、己れの栄耀栄華に酔っていた。堅田を去った一休は、徐々にその天衣無縫《てんいむほう》ぶりを発揮する。

堺の町を木刀を携えて徘徊《はいかい》し、そのわけを聞かれた彼はいう。

「今、諸方の贋《にせ》知識はこの木剣に似たり。収めて室に在《あ》れば則《すなわ》ち殆《ほと》んど真剣に似たり。抜いて室を出ずれば則ちただ木片のみ」

うわべを飾って、庶民を救おうとしない僧侶たちへの怒りが、一休をあばら家に住まわせ、くたびれた衣をまとわせ、型破りな言動へと駆り立てた。

その矛先を向けられた一人が、兄弟子の養叟《ようそう》であった。彼は権門の保護を失い、没落する大徳寺をなんとか防ごうと、財政再建のため、寄付によって印可状を出すという苦肉の策を実践していたが、一休にすればこれは許し難いことであったろう。

「今より後は、養叟をば大胆厚面禅寺と云ふべし――面皮厚《つらのかわ》くして、牛の皮七、八枚はりつけたるが如し。紫野の仏法はじまりてよりこのかた、養叟ほどの異高の盗人はいまだきかず」（『自戒集《じかいしゅう》』）。

罵倒と嫌悪は、養叟だけに向けられたのではなかった。

「大風洪水万民憂　歌舞管弦誰夜遊」

災害に苦しむ庶民をよそに、朝廷の公卿も幕府の高官たちも、己れの遊びにうつつを抜かしていた。一休は己れの、狂おしい思いを行動に移す。

――その姿は一見、箸にも棒にも掛からない破戒僧の奇行にも見えた。

一休の詩をまとめた『狂雲集《きょううんしゅう》』には、「同門の先輩がわたしの婬犯《いんぼん》と肉食とに対して警告し、寺内の僧たちも憤慨している」というくだりがあるが、酒はいうまでもなく、一休は肉食も平気であった。

加えて、公然と女郎屋通いをやり、ほかに男色と音曲《おんぎょく》と曲舞《くせまい》（鼓で伴奏し、舞を伴う謡《うたい》）もやったとか。なかでも、田楽節と猿楽節の謡、尺八が得意だった、と自らも回想している。しかも一休には、隠子の岐翁紹禎《ぎおうしょうてい》までいた。

「美人の雲雨《うんう》、愛河深し、楼子老禅《ろうしろうぜん》、楼上の吟《ぎん》」（『狂雲集』）。

とある。美女との情交は河よりも深く、その愛欲に溺れて、老禅（一休自身）は遊女屋でうたっている、との意である。

「美人の婬水《いんすい》を吸う」「美人の陰《いん》に水仙《すいせん》の香あり」（ともに同上）。

事実、一休は常時、妾を囲っていた。

「寄侍妾」（同居の妾に寄せて）という詞書《ことばがき》の詩すら残している。晩年には愛情を傾けた「お阿古《あこ》」「森《しん》（森女《しんじょ》）」という名の妾が、少なくとも存在したことが確認されている。

「森」は三十代であろうか、出会った時、一休は七十八歳であった。

一休の真意と一番弟子

そんな一休が、死に臨んで認《したた》めた遺言状（『真珠庵文書《しんじゅあんもんじょ》』）には、「老僧（一休）が亡くなったあと、わが門弟のうちで、山ごもりして独善的な修行にふけり、飲み屋とか女郎屋などに行ったり、禅や道を説くのだと人前でしゃべり散らすような者は、仏法にとっての盗賊であり、わが法統にとっては怨敵とみなす」

己れのことは棚に上げて、厳しい戒めを書き残している。身勝手で、矛盾も甚《はなはだ》しい。

一休の実体を知れば知るほど、そのいい加減さに腹立たしくなるが、どうもこの破戒僧の言動には、もう一段、裏がありそうに思われた。なにしろ彼の言動は、あまりに公然でありすぎ、そのことが気にかかった。少し、検証してみたい。

一休の生きた時代、寺僧、とくに禅僧の堕落が甚しく、本来の禅から離れる者があとを絶たなかった。そうした者に対して、一休はすさまじいばかりの憤《いきどお》りを示し、彼らを「魔宮」と評して、「師弟凡情共姦党」と断言して憚《はばか》らなかった。

こうした僧たちに対して、彼は離脱宣言すら行っているのだが、如何《いかん》せん、一休の敵とした勢力は、あまりに巨大でありすぎた。合理主義で武装し、時勢迎合に躍起となり、己れらの栄達のためには「正義」も踏みにじり、自らを正当化する。一方の一休には、味方するものも少なかった。結局、批判者として一休は孤立し、敵に降るか、自ら死をもって更《さら》なる諫言《かんげん》をおこなうか、の選択を迫られる。

武士なら死を賭けて切腹とひき換えに世を批判したかもしれないが、彼は仏教の徒であった。二度、死のうとして死ねなかった過去もある。筆者は思う。一休は自らを地獄の業火に投げ込むことで、世間の注目をわが身に集め、形の上で堕落した自分と、心底、堕落した周囲を比較させようとしたのではあるまいか、と。その時から彼は、「頓智坊主」にされる宿命を背負った、といえなくもない。

一休は仏教でいう「貪《とん》」（むさぼる心）、「瞋《じん》」（怒りの心）、「痴」（愚かな心）の〝三毒《さんどく》〟が、人々を苦しめると考え、〝三毒〟をもつ心にとらわれず、それを超える＝「大正《たいしょう》覚《かく》」（真の悟り）を説いた。いわんとすることは、鈴木正三も梅岩もかわらない。

では、一休の教えは、世間に認められ、彼は勝利し得たのであろうか。今に伝えられる「一休像」をみるかぎり、少なくも完敗はしなかった、と思いたい。

そんな彼には、俗世を斜交《はすか》いに見ながら、それでいて人としての生き方を懸命に考える、村田珠光という弟子がいた。

奈良流茶道の開祖とも伝えられる珠光は、もともと僧侶の出身であった。

しかし、身分は下僕。奈良の御門《みかど》（現・奈良県奈良市中御門）に住した村田杢市検校《もくいちけんぎょう》の子に生まれたといい、十一歳で仏門（称名寺《しょうみょうじ》）に入ったが、二十歳の頃から俗業を好み、しばしば寺役を怠っては、ついに破門となっている。

「闘茶（茶の品質を飲み分ける賭博）をやっていた」

とは、さすがに珠光本人は語っていないが、相当の放蕩者《ほうとうもの》であったことは間違いない。諸所を漂泊した彼は、二十四、五歳で京都へ出ると、東山流茶道の能阿弥の、立花《たてはな》（室町時代に成立した、花の床飾《とこかざ》りの様式）の弟子となった。

一休と出会ったのは三十歳の頃、大徳寺の真珠庵であったという。

短い人生を楽しむ生き方

珠光はやがて、茶の湯の改革を志すのだが、その言動はすでにみた、一休の口吻《こうふん》と酷似していた。その頃、巷《ちまた》には救われない庶民が満ち溢《あふ》れていた。荒廃した社会＝現実と人間性の崩壊にどう対処すべきか、珠光自身も苦悩した末、彼の場合は好きな茶の湯の道を極めようと考えた。

改めて述べるまでもないが、能阿弥の東山流茶道にも礼式と美はあった。が、それは外形上のものにすぎず、心の問題「悟道《ごどう》」にはほとんど触れていない。茶を嗜《たしな》む者は、相手に対する心遣《こころづか》いを忘れてはならない。現実に、東山流を嗜んでいるはずの武士たちが、連日、街外でせめぎ合いを行っているではないか。

どうすれば人間は救われるのか、珠光がすがったのが一休であったところに、茶道の歴史上の大きな意味合いがあった。一休は珠光の参禅を嘉賞《かしょう》し、印可の証として、かつて大応国師が持ち帰った、宋の大寧寺の園悟《えんご》禅師の墨蹟を授けたという。これにより珠光は、「茶禅一味」の心境＝極意に達し得た。

言葉では説明できない、梅岩のいうあの極地である。

換言すれば、「仏の教え」は日常茶飯《さはん》のうちにあることを悟ったのだ。それまでの茶の湯にも、釈迦や観音の像を掛幅《かけふく》に使うことはあったが、珠光は高僧の墨蹟を茶掛《ちゃがけ》に用いた最初の人となる。珠光は立花の師・能阿弥に自らが工夫した奈良流の極意を伝え、見返りに能阿弥から東山流の極意をうけた（『君台観左右帳記《くんだいかんそうちょうき》』）。

この珠光は、一休の気迫に勝るとも劣らぬ、のちの武士道にも通じる、凄《すさ》まじい言葉を後世に残した。

藁屋《わらや》に名馬つなぎたるがよし

みすぼらしい藁屋に名馬がつながれているのは、趣《おもむ》きが深い、との意。

この名言には、「然《しか》れば則《すなわ》ち、粗相《そそう》なる座敷に名物置きたるがよし。風体、猶以《なおもっ》て面白きなり」という言葉がつづく。

藁屋や粗末な屋敷は、名馬や名物道具の立派さと対照的である。そのコントラストがいい。趣きが深く、面白いのだと珠光はいう。侘びと見事さとの取り合わせ――これが〝茶味《ちゃみ》〟だ、というのだ。珠光の考え方は、二十一世紀の「心学」の大いなる参考となろう。質素な日常に、心豊かな精神世界。彼は四畳半茶室の創成、掛物の改装などに創意工夫をおこなった、と伝えられる。

あるいは、金春禅鳳《こんぱるぜんぽう》の『禅鳳雑談《ぜんぽうざつだん》』に収録されている、

「月も雲間のなきはいやにて候《そうろう》」（月も、雲間に入ることなしに、いつも皎々《こうこう》と照っているのは、いやなものだ、余情《よじょう》がない）。

といい切った珠光。月は人そのものでもあったろう。日々の生活にのみ汲々《きゅうきゅう》として働くのは、あまりにももったいない。もっと、有意義な人生があっても良いのではないか。自分も周囲も楽しくなる生き方が、かならずあるはずだ。「雲間」をプライベートな時間と考えてもよい。

少しだけ、考え方を改める

人間はいかなる環境、立場にあっても、本人さえその気になれば心豊かに生きる道を模索し、手に入れることは難しくなさそうに思われる。

そういえば、村田珠光の弟子で、〝茶の湯の開山〟と絶賛された、「侘び」の境地を拓いた人物がいた。千利休の師となる武野紹鷗《たけのじょうおう》である。

名門の武家から堺の商人二代目となった紹鷗は、『山上宗二記《やまのうえのそうじき》』所収の「茶道者覚悟十体」において次のように述べていた。

人間は六十定命《じょうみょう》といえども、身の盛りなること二十年、不断茶湯に身を染めるさへ、いずれ何の道にも上手なし。其《それ》に心を欠けば、皆々下手《へた》なるべし。但《ただ》し、書と文字は心にかくべし（人間は六十歳をもって定められた生命《いのち》というけれど、身の盛《さか》りは正味二十年であろう。だから絶えず茶の湯に身を染めるほど、怠りなく学び、励んでこそ、上手の領域に達することができる。芸に励む心が欠ければ、誰でも一生涯、何もできなくて終わってしまう。怠りなく、茶事につとめるだけでなく、茶人に大切なことは、書道と文字を心にかけて学ばねばならない）。

武野紹鷗

ここで紹鷗が、書と文字（とくに和歌）に心がけよ、と念を押したのは、多忙な日常をやりくりながら、彼自身が悟った茶道＝堺流茶道の成立が、実は三条西実隆《さんじょうにしさねたか》について古典を学び、藤原定家の『詠歌大概之《えいがたいがいの》序《じょ》』の講説を聴聞することで得られたものであったからだ。

稽古と作意――すなわち、学び励むと同時に創意工夫を凝らすことが、華道と茶道に共通する真理だ、と紹鷗はいうのである。

また、右の「茶道者覚悟十体」には、現代の「健康寿命」と同じ発想があったことも、大いに驚かされたことであった。

彼は、珠光の代に「冷え枯れ」「たけくらむ」「冷え痩《や》せ」などと表現していた心境を、「侘び」の一言でもって茶道の理想とした。

また、奈良流から一歩すすめて〝堺流〟とでもいうべき新境地を開いた。

日常生活を懸命につとめながら、それでいて自ら時間を創り、心豊かに生きることは、決して不可能ではない。

ほんの少しだけ、考え方を改めればよい。肩の力を抜き、一息つけて瞑想できる場所と時間を捻出することは、心から求めればかならずできるはずだ。

名利栄達のみを求め、あるいは目先のことだけに追われ、日々を得か損かの基準で何事をも判断しても、人生には一度や二度、かならず逆境はやってくる。

本書に登場した歴史上の人物の中で、失意・左遷・悲劇などの苦境を、まったく経験しなかった幸運な人は、一人もいなかった。

むしろ彼らは、絶望の淵から自らの成すべきこと、心から楽しいと思えることを探し、それに縋《すが》って再起していた。

分相応＋α

「汝《なんじ》自身を知れ」という哲学の命題は、それこそ小中学校時代に読んだ『イソップ寓話集』にも明らかであったはず。

己れの分《ぶん》をわきまえず、不相応の行動をして、結局は破滅してしまった動物たち――牛のまねをして、腹をふくらませてパンクしたカエルの話を、読者諸氏はおぼえておられるだろうか。キツネが龍にあこがれて、身長を伸ばそうとして裂けた話もあった。いずれもが、身のほどを知らなかった結果の愚挙であった。

身の回りに、これほどモノがあふれていながら、心みたされない現代人――ありとあらゆる広告が、街角やウェブ空間を埋めつくし、モノを買わなければ、消費をしなければ、それこそ世の中に取りのこされてしまうという、恐迫観念の押しつけ。

しかし、ネット社会の進展は、皮肉にも人々を立ち止まらされることになった。

これまでマスコミに信じ込まされてきた物質的な豊かさが、その実、中味のないものであることを、われわれはインターネットを通じて知ることができるようになったのだ。フェイスブックをのぞけば、誰がどのようなモノを持ち、どれほどの生活をしているかが、可視化できるようになった。

もはや、見栄を張る、ということができなくなったといってよい。カッコをつけてみても、お里が知れる時代になったのである。高級外車を乗りまわしても、高級ブランドで身をつつんでいても、人々はその見せかけ（外見）より、内面、本質を重視するようになった。

長くつづいたデフレ経済の、不幸中の幸いといえるかもしれない。問われるのは、人として何を備えているか、という世相になった。時代はモノからヒトへ、その外面から内面へと向いはじめたのだ。

――筆者は今こそ、絶妙のタイミングではないか、と思っている。

「心学」を応用して、「知足分」（足ることを知る心）を身につけ、自分にだけあった心豊かになれる生活を準備し、その過程の毎日を働きつつも楽しみながら、ついには好きなこと、本当の生きがいを生活の真ん中にもってくる。

たとえば、新しい時代の「心学」は、図解にすれば次のようになろうか。

心
道心（＝仁心・本心）――放心―性（天地ノ心／無心）
人心（＝慾心・私心）――楽しいこと、心を豊かにしてくれること

右の「放心」は、本書でくり返し出てきている。一つのことに熱中して、時間や体調、周囲のわずらわしさをすべて忘れてしまうこと、と理解してもよい。

また、世上の心づかいをやめること、の意ともなる。

「まずは人間を創れ、魂を磨け、さすれば幸福は向こうからやってくる」といったのは思想家・中村天風《てんぷう》であったが、人間を創り、魂を磨くのは、自分の好きなこと、熱中できる事柄、趣味、道楽ではあるまいか。

こちらが主であり、生活は本来、従でしかない。

考えてみればいい、そもそも「人並みの生活」など、この世には存在しなかったの

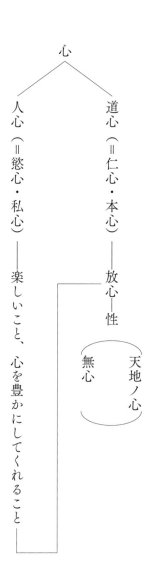

だ。他人と比べること自体が、すでにあやまちであった、といえる。一昔前、交通標語に「狭いニッポン、そんなに急いでどこへ行く」というのがあった。同じことを、歴史の世界はくり返し述べてきた。

『徒然草』の昔から、われわれ日本人は忙《せわ》しく、「生を貪《むさぼ》り、利を求めて、止む時なし」の生活をして来た。「どのように生きるべきか」などと、生涯一度も真剣に考えることなく、惰性で日々をすごして来た人のなんと多いことか。

武士はなぜ、死ぬのか

筆者が編集委員をつとめる、「歴史研究会」という実にユニークな、全国アマチュアの歴史研究家の集いがある。おそらく、日本で一番大きな会といえるだろう。

その研究会が、創立五十周年（昭和三十三年七月十日発足）を機として、「歴史研究会は道楽歴史学を提唱しています」とのアピールを出したことがある。

ここで彼らが主張したのは、「生涯、道楽として歴史を学ぶ、道楽歴史学」の提唱であった。以下、そのままに引用する。

道楽歴史学とは、趣味歴史学や職業歴史学ではなく、私財を蓄え、私財を投じ、
第一に、古典を読み、旅に出て、出会いに感動し、「縁」を作ることであり、
第二に、さまざまな生き方を知り、「鏡」を見つけることであり、
第三に、古今東西の誤りに気づき、「ルーツ」を探ることであり、
第四に、これまでの思い込みにとらわれず、「事実」を確かめることであり、
第五に、敗者の視座で何度も現場に立ち、「謎」を解くことであり、
第六に、先人の名誉回復のため、「真実」を広めることであり、
第七に、何かを変えようと、万事に関心を持ち、「日本一」を志すことであり、
これらを〝道楽歴史学の七大金字塔〟と称したいと存じます。
歴史を学ぶことは最良の道楽であり、道楽歴史学は生涯うちこんで悔いのない誠に価値あるものです。道楽――それは、旺盛な「気力」で「好奇心」「探究心」を燃やし続け、何事も楽しみに変え、大いに楽しみ、大いに楽しませることであり、人生の研究目的である、といえましょう。
みなさん、この道楽歴史学で、もっと、もっと、もっと光り輝きませんか。

葉隠発祥の地碑（常朝先生垂訓碑）

これはたまたま、〃歴史〃について提唱したものであったが、道楽の分野を固定する必要はあるまい。

大切なのは、自分のしたいこと、好きなこと、関心のあることをまずは探し当て、取りあえず見切り発車してみる。併せて、それに要する時間と金を徐々に工面することだ。

武士道を説いた代表作『葉隠』の開巻劈刀《へきとう》に、

「武士道と云《いふ》は、死ぬ事と見付《みつけ》たり」

という一小節がある。この意味を誤解している人は、今も多い。

死ぬために生きよ、と著者の山本常朝《つねとも》はいっているのではない。人間は誰しも生きて死ぬ、その死を前提としない生き方は、ただ息をして、衣食住しているにすぎない。魂の抜け殻のように、生きながらえているだけだ。それは決して、正しく生きているということではない、と常朝はいいたかったのだ。これが本書でもみた「無常観」である。

生きる目的、よりよく生きるための方法、心豊かに生きていくすべを考えろ、とは梅岩の「心学」のテーマであり、セネカも「邯鄲の夢」も、人生が短くはかないものであることを、くり返し語ってくれた。陶淵明やソローもしかり。彼らは身をもって、心豊かに生きる人間本来の姿を、われわれに残してくれた。

伊達政宗の感懐と数寄者

すでにみた夏目漱石の『草枕』の冒頭には、実はモデルとした一文が存在した。


仁《じん》に過《す》ぐれば弱くなる。義《ぎ》に過れば固《かた》くなる。

礼《れい》に過れば諂《へつらい》となる。智《ち》に過れば虚《うそ》をつく。

信《しん》に過れば損をする。

気長く心穏《おだやか》にして、〈中略〉此世《このよ》の客に来たと思へば何の苦もなし、朝夕の食事うまからずともほめて食《く》ふべし、元来客《きゃく》の身なれば好嫌《すききらひ》は申されまじ。

――これは意外にも、戦国武将・伊達政宗の遺訓（壁書《へきしょ》）であった。

鈴木正三と同時期、立場は違えど、きわめて難しい武士の過渡期を生き抜いた政宗ですら、このような感慨を残していたのである。

興味深いのは、正三が「一生は唯、浮世の旅なる事」といえば、政宗も「此世の客に来たと思へば」と述べたくだりだ。人生の感懐は二人共に、実によく似ていた。

生きること、しかも楽しく生きることは難しい。なおさら、この高齢化社会の厳しい現実の中である。

しかし、秘訣《ひけつ》はある。まず、一歩を踏み出すことだ。そのために、充分な準備などは必要ない。完璧主義でものが成功した事例を、歴史の世界は持っていない。

人生は何ごとも、つまるところ見切り発車しかない、と知るべきだ。決断がつかないなら、口実をもうけて自らの背中を押せばよい。

「つい、約束してしまったので仕方なく――」

家族や友人、周囲に内容を話し、抱負を語り、具体的な約束を口にしてしまえば、有言実行あるのみとなる。もう、あとには引けない。かりにしくじったとしても、見切り発車は周囲へのいいわけにはなるだろう。

思う方向に踏み出せたなら、あとは無我夢中にやればいい。死ぬ気になって、というような切羽詰まったものではなく、楽しく、愉快に——。

もともと好きな世界を選んだはずだ、あとはどれだけ時間、空間と一体となれるかであろう。その世界に、身も心も浸れるか。

日本では中世、この境地を〝数寄《すき》〟と呼んだ。先ほどの村田珠光、武野紹鷗もそうした世界に棲《す》む数寄者であった。日常生活は最小限度にとどめ、他人からは不便きわまりないといわれながらも、いっこうに不便でも、惨《みじ》めでもない。心豊かに生きる、なんとここちよいものか。

人生の秘訣「奥の手」

鴨長明の『発心集』(仏教説話集)に、「時光《ときみつ》・茂光《しげみつ》、数寄、天聴《てんちょう》に及ぶ事」という話が載っている(巻六の八)。

市正《いちのかみ》——都の物品売買の市を管理・運営する役所の長官——をつとめる、豊原時光という人がいた。

この人は職とは関係のない、笙《しょう》（中国より奈良時代に伝来した、雅楽の管楽器・笛）の名人として知られており、彼の友人に雅楽允《うたのじょう》（雅楽寮の第三等の官）の茂光という、これまた篳篥《ひちりき》（雅楽の管楽器で、縦笛の一種）の名手の友人がいて、あるとき二人は碁をうって遊んだあと、興が乗ったのだろう、二人して声を合わせて、裏頭楽《かとうらく》（雅楽の曲名で唐楽の一種）を唱歌《しょうか》した。

するとそこへ、急用があるからと、堀河院からのお召しが時光へかかった。

使者が来意を告《つ》げているのに、時光は合唱に熱中して話を聞こうともしない。

「ただ諸《もろ》ともに揺《ゆる》ぎあひて――」

体を揺さぶるように、歌の世界に没入していたのだろう。

これでは埒《らち》があかない。使者はあきらめて戻り、ありのままを奏聞《そうもん》した。

さぞや懲戒、刑罰が科せられるだろう、と思っていると、案に返して院はいう。

「それにしても、風雅な者どもかな。それほどまでに音楽を愛して、何ごとも忘れて夢中になれるとは、尊いことではないか。それに比べれば、皇位などとは口惜しいものじゃ、行って彼らの歌も聞くことができぬとは――」

いいながら院は、涙ぐんでうらやましがられ、わが身を嘆かれたのが、使いの者には意外であったという。

「これらを思へば、この世のこと思ひ捨てんことも、数奇は、殊《こと》に便《たよ》りとなりぬべし」（今成元昭訳注『方丈記　付発心集（抄）』旺文社文庫）

長明は「この世」――俗世を出離して仏道へ入った時光・茂光の音楽好きを、発心にひっかけて便宜、方弁（便り）として讃《たた》えたのだが、この時光・茂光の楽しく歌いまくる態度、心情こそが〃数寄〃であった。

日本の中世には、雅楽であれ琵琶であっても、あるいは短歌、絵画であっても、自らの〃数奇〃に一意専心することが、そのまま神仏への廻向《えこう》、〃天〃や極楽浄土に通じるとの考え方があった。それは一面、名利を脱して、自らの心を救う手だてでもあったわけだ。

先述の『葉隠』には、実は「心学」同様の人生を心豊かに生きるべき極意が、すでにのべられていた。しかも、さらりと。

人間一生誠《まこと》に纔《わずか》の事也《なり》。好《すい》たる事をして可レ暮《くらすべき》也。夢の間《ま》の世の中に、不レ好《すかぬ》事ばかりして苦を見て暮らすは、愚成事也《おろかなることなり》。此《こ》の事は、わろ（悪）く聞《きい》て害に成《なる》事故《ことゆえ》、若き衆などへは、終《つい》に語らぬ奥の手也。


筆者はこのくだりを読んで、山本常朝の人柄にふれた思いがした。

人の一生は寿命がのびたとしても、たかが知れている。何もしないで過ごすと、とにかく短い。ならば好きなことをして、楽しく暮らそうではないか、と常朝はいう。先の伊達政宗のあげたような環境で、苦労するのは馬鹿げている、というわけだ。

ただ、この苦労を誤解して納得、あるいは拒絶すると、若い人たちには害となる。だからある程度の年齢、環境を考慮して、人には語らなければならない。

それにしても、なるほど「好《すい》たる事をして暮らす」のは「奥の手」であり、人生の秘訣といえそうだ。

一日も早く、一刻も無駄にしないで、その世界へ踏み込まねばなるまい。

新装版あとがきにかえて

懸念される国家財政の破綻

「屋上架屋《おくじょうおくをかす》」「屋下架屋《おくかにおくをかす》」という、よく似た言葉がある。

まさに、このあとがきもそれだが、本書二一三ページの「筆者は平成三十三年（二〇二一）には国家財政は破綻するのではないか、と懸念している。これから数年後に、筆者は戦前の昭和恐慌と同じような時代が来る、と考えてきた」と述べたことが、本年三月十三日の、東京株式市場における株価一万八千円割れの大暴落、世界経済を震撼させたブラックマンデー（一九八七年）、リーマン・ショック（二〇〇八年）を上回る勢いとなって以来、世上で注目を集めるようになったという。

旧版は奥付にもあるように、平成二十七年一月三十日に刊行したものである。刊行以来これまで、講演会や新聞・雑誌のインタビュー等でくり返し述べてきた九十年前の、世界大恐慌に匹敵する日本国の財政破綻について、どうやらにわかに世上の関心が高まり、問い合わせが殺到して、この度の改めての新装版発刊となった。

以下、新型コロナウイルスの猛威が連日、報じられる中で書いている。

震源地の中国武漢から、朝鮮半島、日本、さらに欧州やアメリカ、アフリカへと感染が拡大したこのウイルスを、筆者は歴史学にいう「右手」であり、より重要な「見えざる左手」は迫り来る日本の財政破綻だ、と確信してきた。直々《じきぢき》のコロナウイルスの感染拡大は、日本の経済に未曾有の打撃を与えるであろうが、わが国の財政はそれ以前から、すでに瀬戸際に追詰《おいつ》められていた。ここを、見誤ってはならない。

昨年（平成三十一年・令和元年）十月から十二月にかけてのGDP（国内総生産）成長率は、年率換算でマイナス七・一パーセントへ急降下している。素早い経済対策で景気を支えなければ、すでに先進国で最悪となっている日本の財政は、このまま墜落して行くことが懸念されていた。そこへ新型コロナウイルスの、世界的な感染である。

政府は経済の下支えに、巨額の財政出動を決断した。

日本銀行は景気悪化を食い止めるため、四月二十七日、金融政策決定会合を開き、年間八十兆円を目処《めど》としている国債購入の上限を撤廃し、「当面、さらに積極的な買い入れを行う」との方針を表明した。日本銀行はすでに三月十六日、三年半ぶりに追加緩和へと踏み切っており、異例の二会合連続の追加緩和となった。

筆者にはこの決定が、日米開戦を決めた昭和十六年（一九四二）十二月一日の御前会議とダブって思われた（関連本書五ページ）。

本書一四四ページの、吉田松陰の歌ではないが、カンフル注射が効けばいいが、景気が浮上しなければ、日本銀行は一般企業でいう自己資本比率がマイナスに転じ、債務超過に陥って、赤字国債のさらなる発行をすることになろう。

しかし、日本政府の債務は、すでにGDPの二倍超となっている。国の信頼が揺らげば株価の急落、短期間に物価が急騰するのは、歴史の必然であろう。

ただ筆者には、政府のいう、「メッセージ性のある」「V字回復」など、到底不可能なことのように思われてならない。これまでの生活様式が、ここ一、二年で根底から崩れるのではないか。職を失い、生きる望みがもてず、自殺する人々が急増する懸念がある。

もしそのような世相となっても、われわれは生きて行かねばならない。死んではいけない。その生きるための方法論を、歴史学の見地から述べたのが本書である。

併せて、目下の新型コロナウイルス騒動において、明らかとなった現代文明の脆弱さについても、ここでは付言しておきたい。

「パンデミック」は「不確実性」ゆえ

二十一世紀に入ってからの、われわれ日本人は、グローバル資本主義、デモクラシーの政治制度、急進展した情報化社会の中に暮らしてきた。

本来、これらは人々の幸福を増進し、明るい未来を約束するものであったはず。ところが、人・モノ・カネが自由に国境を越えて流れた同じルートで、この度は新型コロナウイルスが広がった。しかも、わずか二ヵ月で世界を席捲する猛威のグローバル化を見せつけている。人々が恐怖する「パンデミック」も、グローバル化の中でこそ、深刻に受け止められたといえる。「パンデミック」は、ギリシャ語の「パン」（あまねく)」と「デモス(大衆)」の合成語だと聞いた。なるほど新型コロナウイルスは、「デモス」による政治＝デモクラシーをも根底から揺さぶっている。

しかし、この度の未知のウイルスは、原因は不明ながら、致死率はさほど深刻なものではない。

現に感染者の八割は軽症で、全癒《ぜんゆ》している。とんでもない毒性をもっているわけでもないのに、日本中は昭和四十八年(一九七三)の第一次石油ショックのときと同様、一種のパニックを引き起こした。薬局やスーパーからトイレットペーパーが消え、米も買い占めが起きている。株式市場のパニックは、そのことを雄弁に語っていた。

不安を助長したのは、政府と地方公共団体の場当たり的な発表に加え、マスコミ——とりわけてテレビの報道ドタバタ劇＝その場しのぎの放送が大きかった。おそらくこれが、情報化した今日の、日本におけるデモクラシーの実相なのであろう。

人々は自分の足で立ち、しっかりと自分の頭で考えることをしていない。

なるほど新型コロナウイルスは、経験的な確率論で予想できる「リスク」ではないかもしれない。経験値が役に立たない、予測不可能な「不確実性《アンサーテンティ》」なのだろう。

しかし、歴史の世界には、十四世紀と十七世紀に世界を襲ったペストにせよ、十六世紀の大航海時代に、欧州と新大陸アメリカで交換された天然痘と梅毒の流行にしても、第一次世界大戦末期のスペイン風邪、近年のSARS（重症急性呼吸器症候群）やMERS（中東呼吸器症候群）など、広域に世界中に飛び火したウイルスは存在した。現象は異なっていても、歴史の原理・原則は変わらない。

心の持ちようを、重要視するべきである。政府やマスコミに依存し、その情報にふり回され、〝自暴自棄〟〝コロナ鬱《うつ》〟になるのではなく、今こそ歴史の良識に立ちかえるべきではあるまいか。ピンチはチャンスである、という。こういう「不確実性」の日々だからこそ、われわれは今までの生き方を反省してみてはどうであろうか。

筆者は、今回の新型コロナウイルス騒動――これを異常事態というならば、この現実は「昭和」の後半から「平成」を経て、「令和」の今日に至った日本の、日常の余裕やゆとりを見失った――たとえば、グローバル社会における競争の異常性を、白日のもとに晒してくれた好機と考えている。

日本の企業の多くは、「平成」に入って生産拠点を中国に移し、気がつけば平成二十三年（二〇一一）には世界第二位の経済大国の座からすべり落ち、中国や世界の人々による訪日旅行客《インバウンド》を当てにし、これからの経済成長を促そうとしてきた。

いわば自らの生存の根底を、海外——とくに、中国へ委ねてきたわけだ。同様により一層、アメリカにおもねり、懸命に先細りした物質的豊かさを享受しようとした。だが、日本の経済成長率は増える借金に比して、せいぜい一パーセントにすぎない。くり返すようだが、生き方を根本的に見なおす以外、われわれが救われ、再生される道はないのではあるまいか。

「聖徳太子」が示した大往生の遂げ方

——昨今、筆者は『万葉集』に凝《こ》っている。

この中に、実在性を疑われた聖徳太子（厩戸皇子《うまやどのみこ》・厩戸王《うまやどのおう》）が、竹原井《たかはらのい》（現・大阪府柏原《かしわら》市高井田《たかいだ》）に出かけたおり、龍田山《たつたやま》（現・奈良県北西部から大阪府北東部にまたがる山塊）で行き倒れた死者を見て、悲しんで作った歌が載っていた。

巻第三（四一五）の、挽歌の冒頭である。

家《いへ》ならば妹《いも》が手《て》まかむ草枕

旅に臥《こ》やせるこの旅人《たびと》あはれ

かつては推古天皇（第三十三代）の摂政となり、仏教の理想で十七条の憲法を制定し、遣隋使を派遣して、大国隋と対等外交を展開した英雄と持囃《もてはや》された太子も、歴史的事実を追っていくと、後世の伝承が大半で、その伝記は限りなく瘦《や》せ細ってゆく。

だが、『古事記』『日本書紀』『万葉集』がすべて出揃った八世紀後半において、聖徳太子は紛《まが》う方《かた》なきわが国最大のスターであったことは間違いない。

その彼が大和国（現・奈良県）から河内国（現・大阪府南東部）を経て、摂津国（現・大阪府北部と兵庫県南東部）へと至る交通の要衝《ようしょう》・竹原井で、行き倒れに遭遇したのだ。

歌意は「家にいたならば、妻の手枕で寝ていたろうに、旅先で行き倒れたとは、この旅人が哀れでならない」となる。この「かわいそうだ」（あるいは、いたわしや）という慈悲の心が、「大和心《やまとごころ》」（惻隠《そくいん》の情）だと、本書でも述べてきた。

筆者が気になったのは、これによく似た話が『日本書紀』（推古天皇二十一年十二月一日条）にも記されていたことである。

こちらの聖徳太子は、片岡《かたおか》（現・奈良県北葛城郡王寺町《おうじまち》と河合町《かわいちょう》、上牧町《かんまきちょう》、香芝市《かしば》一帯）に出かけたとき、飢えた人間が道の傍らに臥《ふ》せっているのに出くわす。この行き倒れはまだ、死んでいなかった。太子はまず、姓名を尋ねた。しかし、その飢えた人は何も答えない。そこで太子は飲物と食物を与え、さらには自らの着ていた服を脱いで、飢えた人に掛けてやり、「安《やす》らに臥《ふ》せれ（気安らかにして、寝ていてくださいね）」といい、歌を詠む。

しなてる　片岡山《かたおかやま》に　飯《いひ》に飢《ゑ》て　臥《こや》せる　その旅人《たひと》あはれ
親無しに　汝《なれ》生《な》りけめや　さす竹の　君はや無き
飯に飢て　臥せる　その旅人あはれ

後半の「親もなくお前が生まれてきたわけではあるまい、仕えるべき主君もいないのか」と問いかける歌意と共に、筆者には、伝承の聖徳太子の魅力――当時の日本人全体の心――が、これらの行為によって表されていたことに納得した。

太子はまず相手の姓名を問い、相手の名を呼ぼうとした。これはその人の人格を敬うことを表している。次に、施《ほどこ》し。その生命《いのち》の危機を救おうとしている。

さらには、自らが着ていた服を脱いで、行き倒れに与えてもいた。相手への思いやりをつくして、彼は最後に歌でその人の心を癒《いや》そうとする。心豊かに生きることを目指す、すべての示唆＝「大往生」への道、手順が、これらの中に述べられていたように思われてならない。

日本人にとって「横死《おうし》」（天命を全うしないで死ぬこと）は、もっとも避けたい最期《さいご》＝死の形であった。われわれの理想の死とは、「畳《たたみ》の上」で死ぬことである。つまり、日々の生活を送った土地で、家族や親しい人々に見守られながら死ぬことであろう。

筆者は、アジア・太平洋戦争で戦死した人々の遺骨を、半世紀にもわたって懸命に探し、収集しつづける日本人は異常だ、と外国の人にいわれたことがある。亡骸《なきがら》を故郷に迎えることが一番の供養になる、と考える日本人の〝心〟は、外国の人々には理解されにくいのかもしれない。しかし根底の、慈《いつく》しみの心は伝わるはずだ。

歴史に学ぶ旅は、「いま」と「これから」を問い直す旅でもある。

令和二年（二〇二〇）五月五日　東京・練馬の羽沢にて

加来耕三

参考文献

『都鄙問答』　石田梅岩著　足立栗園校訂　岩波書店・岩波文庫　一九三五年
『鈴木正三道人全集』　鈴木鉄心編　山喜房仏書林　一九六二年
日本思想大系『石門心学』　柴田実校注　岩波書店　一九七一年
『徒然草』　吉田兼好著　川瀬一馬現代語訳・校注　講談社・講談社文庫　一九七一年
『中世の秋』（上・下巻）　ホイジンガ著　堀越孝一訳　中央公論社・中公文庫　一九七六年
『人生の短さについて　他二篇』　セネカ著　茂手木元蔵訳　岩波書店・岩波文庫　一九八〇年
対訳古典シリーズ『方丈記　付　発心集（抄）』　鴨長明著　今成元昭訳注　旺文社　一九八八年
『森の生活』上・下巻　H・D・ソロー著　飯田実訳　岩波書店・岩波文庫　一九九五年
『市民の反抗　他五篇』　H・D・ソロー著　飯田実訳　岩波書店・岩波文庫　一九九七年
『葉隠　武士と「奉公」』　小池喜明著　講談社・講談社学術文庫　一九九九年
『橘曙覧全歌集』　橘曙覧著　水島直文・橋本政宣編注　岩波書店・岩波文庫　一九九九年
『極意』　加来耕三著　サンガ　二〇〇九年
『晩節かくあるべし！　歴史を動かした男の逝きざま』　加来耕三著　実業之日本社・じっぴコンパクト新書　二〇一一年
『ｉｆの日本史　「もしも」で見えてくる、歴史の可能性』　加来耕三著　ポプラ社　二〇一五年
『日本武術・武士道大事典』　加来耕三監修　勉誠出版　二〇一五年

写真所蔵・出典（掲載順）

【織田信長】『尾張国遺存織田信長史料写真集』名古屋温故会編・名古屋温故会（一九三一）
【蘇軾】『晩笑堂竹荘画伝』
【セネカ】セネカ像（加来耕三撮影）

【クラウディウス帝】クラウディウス像　国立考古学博物館（ナポリ）　撮影：Marie-Lan Nguyen（パブリックドメイン）
【吉田兼好】『尋常中学科講義録』
【ネロ帝】グリュプトテーク（ミュンヘン）蔵　撮影：Bibi Saint-Pol（パブリックドメイン）
【夏目漱石】『漱石警句集』高山辰三編・図書評論社（一九一七）
【鴨長明】菊池容斎画
【石田梅岩】『新撰妙好人伝』第七編・厚徳書院（一九三七）
【鈴木正三】正三道人真像（恩心寺開山堂）『鈴木正三道人全集』鈴木鉄心編・山喜房仏書林（一九六二）
【ベンジャミン・フランクリン】アメリカ合衆国郵便切手（一八四七）（パブリックドメイン）
【徳川吉宗】『日本歴史　師範学校歴史教科書』中巻
【徳川綱吉】『大国史美談』巻三　北垣恭次郎著・実業之日本社（一九四三）
【陶淵明】『晩笑堂竹荘畫傳』
【ソロー】肖像写真（一八五六）（パブリックドメイン）
【石川啄木】『石川啄木』金田一京助著・文教閣（一九三四）
【王陽明】『王陽明』三宅雪嶺著・政教社（一八九三）
【ホイジンガ】ライデン（レイデン）大学レリーフ　撮影：Vysotsky（パブリックドメイン）
【橘曙覧】曙覧親子像　写真：公益社団法人福井県観光連盟
【良寛】『良寛全集』玉木礼吉編・良寛会（一九一八）
【武野紹鷗】大仙公園内の像　撮影：田英（パブリックドメイン）
【山本常朝】葉隠発祥の地碑（常朝先生垂訓碑）写真：佐賀市教育委員会

加来耕三（かく・こうぞう）

歴史家・作家。一九五八年大阪市生まれ。奈良大学文学部史学科卒。同大学文学部研究員を経て、著述活動に入る。『歴史研究』編集委員、中小企業大学校の講師などを務め、テレビ・ラジオ番組の監修・出演など多方面に活躍している。主な著書に、『天才光秀と覇王信長』（さくら舎）『日本史に学ぶ一流の気くばり』（クロスメディア・パブリッシング）『歴史の失敗学』（日経BP）『紙幣の日本史』（KADOKAWA）『明治維新の理念をカタチにした　前島密の構想力』（つちや書店）『利休と戦国武将　十五人の「利休七哲」』（淡交社）『1868　明治が始まった年への旅』（時事通信社）『西郷隆盛100の言葉』（潮出版社）『坂本龍馬の正体』（講談社＋α文庫）『日本史は「嫉妬」でほぼ説明がつく』（方丈社）『刀の日本史』（講談社現代新書）ほか多数。監修に、『橋本左内　時代を先取りした男』（扶桑社）『日本武術・武道大事典』（勉誠出版）などがある。

歴史に学ぶ自己再生の理論〔新装版〕

二〇二〇年六月一〇日　初版第一刷印刷
二〇二〇年六月二〇日　初版第一刷発行

著者……………………加来耕三
発行者…………………森下紀夫
発行所…………………論創社

東京都千代田区神田神保町二-二三　北井ビル　一〇一-〇〇五一
電話　〇三-三二六四-五二五四　ファックス　〇三-三二六四-五二三二
web. http://www.ronso.co.jp/
振替口座　〇〇一六〇-一-一五五二六六

装釘……………………宗利淳一
印刷・製本……………中央精版印刷

ISBN978-4-8460-1946-4